„Ein gutes Mittel
gegen all diese
Ungerechtigkeiten
sind Quoten."

CHRISTIAN KERN

leykam: *seit 1585*

MARI LANG

FRAUENFRAGEN

MÄNNER ANTWORTEN

leykam: *Sachbuch*

Für meine Eltern,
die den Grundstein gelegt haben.
Für alles.

INHALTSVERZEICHNIS

Die Corona-Krise hat viele Probleme verschärft, in meinem Leben und im Leben der meisten Frauen. „Jetzt hast du Zeit, dich um deine Kinder zu kümmern", sagte mein Chef zu Beginn des ersten Lockdowns 2020 und schickte mich in Kurzarbeit. Nachdem ich seit Jahren ohnehin, typisch Frau, in Teilzeit bin, wollte ich gerne weiterhin zweimal pro Woche arbeiten gehen. Sollte ich aber nicht. Der Satz meines Vorgesetzten, der mit Sicherheit gut gemeint war – denn wir alle wissen, dass die Betreuung eines drei- und eines sechsjährigen Kindes zeitintensiv ist –, setzte Enttäuschung und Wut frei, die sich in den vergangenen Jahren in mir aufgestaut hatten.

Als ich vor sechs Jahren zum ersten Mal Mutter wurde, musste ich schmerzhaft feststellen, dass die Gleichberechtigung zwischen Männern und Frauen noch längst nicht erreicht ist. Während ich Sätze wie „Was, du arbeitest schon wieder?" oder „Wow, du hast aber einen tollen Mann" hörte, weil ich ein paar Wochen nach der Geburt eine Veranstaltung moderierte, wurde mein Partner weiterhin als das gesehen, was er war: als berufstätiger Mann, der ganz gut verdiente und gerne arbeitete. Ach ja, und vor Kurzem hatte er auch noch ein Kind bekommen. Gratulation! Ich hingegen wurde auf meine Mutterrolle reduziert. Von der Gesellschaft und von mir selbst. Tief verankerte Rollenbilder und Geschlechterstereotype sprangen mich aus dem Hinterhalt an und brachten mich ins Wanken. Dass ich mein halbes Leben darauf hingearbeitet hatte, eine erfolgreiche Journalistin und Moderatorin zu werden, zählte offenbar nicht mehr. Wichtig war, dass ich stillte, mein Baby zum Durchschlafen bringen konnte und die Mutter-Kind-Pass-Untersuchungen zeitgerecht absolvierte. Von alldem hing neuerdings mein Wert ab. Dass mich

8

das überforderte, ist klar. Denn während ich für meinen Beruf ein Studium abgeschlossen und mehrere Kurse und Auslandspraktika absolviert hatte, fand ich mich jetzt plötzlich in einem Job wieder, für den ich überhaupt nicht ausgebildet war. Nicht einmal einen Crashkurs konnte ich vorweisen.

O.K. So geht es wahrscheinlich den meisten Frauen. Denn in so etwas wie die Mutterrolle wächst man schließlich hinein. Wie es genau funktioniert, sagt einem der weibliche Instinkt, und ein bisschen Überforderung gehört halt dazu. Was war und ist also mein Problem? Das werden sich einige jetzt vielleicht fragen. Und tatsächlich habe ich mir diese Frage auch oft gestellt und die Antworten erstmal bei mir selbst gesucht. Was, verdammt nochmal, war los mit mir? Warum erfüllte mich das Muttersein nicht? Warum war ich unzufrieden und wollte mehr vom Leben? Dass mein Problem kein individuelles, sondern ein gesamtgesellschaftliches war, wurde mir erst in vollem Ausmaß bewusst, als ich im Frühling 2020 zu einer Klischeehausfrau im Stil der 1950er-Jahre mutierte, während mein Mann zu Hause im Arbeitszimmer saß und weiterhin seinem Beruf nachging. Im Gegensatz zu mir wurde er nicht gefragt, ob er aufgrund fehlender Kinderbetreuung im Lockdown vielleicht weniger arbeiten möchte. Denn im dritten Jahrzehnt des 21. Jahrhunderts sind Kinder nach wie vor Frauensache. Es sind die Frauen, die vorrangig zu Hause geblieben sind – freiwillig oder gezwungenermaßen, weil sie aufgrund von Teilzeitarbeit ohnehin weniger verdienen und generell in schlechter bezahlten Jobs zu finden sind. Die Corona-Krise hat zu einem Backlash geführt und deutlich gemacht, wo es in Sachen Gleichberechtigung immer noch hakt. Sie hat gezeigt, warum es nach wie vor wichtig ist, lautstark für Feminismus einzutreten und echte Chancengleichheit zu fordern. Warum wir den

Frauenbewegungen der vergangenen Jahrzehnte dankbar sein müssen, uns aber keineswegs auf deren Errungenschaften ausruhen dürfen. Warum Frauen immer noch genug Gründe haben, unangenehm und wütend zu sein.

Auch ich bin oft wütend, was auf den folgenden Seiten immer wieder deutlich wird. Aber mein Ärger ist nicht die Hauptmotivation für dieses Buch, das übrigens auf dem gleichnamigen Podcast basiert, den ich im Zuge meiner Kurzarbeit gestartet habe. Meine Wut ist vielmehr der Stein, der alles ins Rollen gebracht hat. Der dazu geführt hat, einen Dialog mit Männern zu suchen. Denn Männer sind Teil des Problems und genauso Teil der Lösung. Gleichberechtigung kann – und davon bin ich überzeugt wie von wenig anderem – nur gelingen, wenn die Mehrheit mitmacht. Es ist ein bisschen wie bei der Corona-Pandemie und dem Impfen: Durch eine möglichst schnelle und hohe Durchimpfungsrate wird das Problem zwar nicht vollständig behoben, die Situation jedoch entspannt. Ein Dialog kann also ein Anfang sein. Gespräche können uns weiterbringen.

Aber warum „Frauenfragen", und was sind diese überhaupt? Nun, als Journalistin gehört es zu meinen Hauptaufgaben, Fragen zu stellen, und dabei ist mir ziemlich rasch klar geworden, dass Männer anders gefragt werden als Frauen. Start-up-Gründer werden zu ihren Visionen befragt, Schauspieler dazu, wie sie ihre Rolle angelegt haben, und Politiker, welche Pläne sie haben, um die Arbeitslosigkeit einzudämmen. Fragen zu ihrer Kleidung und ihrem Aussehen sowie der Vereinbarkeit von Familie und Beruf bekommen Männer eher selten gestellt. Und wenn, dann nur explizit im dazu passenden Kontext. Bei Frauen sind ihr Äußeres und familiäre Verpflichtungen automatisch Thema. Selbst vor indiskreten Fragen nach ihrer Intimbekleidung und dem Zeugungstag ihres Kindes bleiben sie nicht verschont. Beispiele dafür gibt es zahlreiche. Einige davon werde ich in diesem Buch anführen. Außerdem erzählen 33 bekannte österreichische Frauen aus den unterschiedlichsten Branchen und Generationen von ihren Erfahrungen mit „Frauenfragen".

Natürlich könnten Politikerinnen, Schauspielerinnen und Unternehmerinnen sexistische Interviewfragen einfach ignorieren. Doch gerade für diejenigen, die erst am Anfang ihrer Karriere stehen, ist das nicht immer so einfach. Immerhin ist die mediale Berichterstattung Teil ihres Erfolges. Manchen werden diese geschlechtsspezifischen Unterschiede womöglich erst nach und nach bewusst. Andere wiederum denken, es sei „part of the game". Aber nur weil etwas immer schon so war, heißt es nicht, dass es auch immer so bleiben muss. Als Journalistin sehe ich es als meine Verantwortung, zu positiven Veränderungen in der Welt beizutragen. Zu informieren, aufzuklären, zum Nachdenken anzuregen. Es zumindest zu versuchen. Dabei kann es helfen, neue Blickwinkel einzunehmen und sich in andere Lebensrealitäten hineinzufühlen. Und genau das mache ich mit meiner „Frauenfragen"-Gesprächsreihe, die ich zwischen Sommer 2020 und Frühling 2021 im Rahmen meines Podcasts geführt habe. Also, eigentlich nehme nicht (nur) ich eine andere Perspektive ein, sondern es tun dies vor allem die von mir befragten österreichischen Promi-Männer. Deren in den folgenden Texten angegebenes Alter ist übrigens jenes, das sie zum Zeitpunkt des Interviews hatten.

Elf dieser oftmals sehr persönlichen und unterhaltsamen Gespräche sind in diesem Buch zusammengefasst. Ich habe Männer aus den unterschiedlichsten Branchen und Generationen getroffen, die in der Gesellschaft kulturellen, politischen und finanziellen Einfluss haben. Die meisten haben Kinder, leben in einer Beziehung und alle sind in ihrem Beruf äußerst erfolgreich. Ich habe ihnen die Fragen gestellt, die normalerweise Frauen in Interviews zu hören bekommen. Es sind banale Fragen zu ihrer Kleidung, ihrem Aussehen und der Angst vor dem Alter. Und es sind gesellschaftspolitisch äußerst relevante Fragen zur Vereinbarkeit von Familie und Karriere, zu moderner Vaterschaft und Frauenquoten. Denn obwohl klassische „Frauenfragen" immer wieder (zu Recht!) kritisiert werden, sind sie im Grunde Gesellschaftsfragen. Sie betreffen uns alle, nur werden sie Männern eben nicht gestellt. Doch es ist längst überfällig, dass auch sie darüber nachdenken, warum etwa Väter, die sich um ihre Babys kümmern, mancherorts als Weicheier gelten, und wie es sein kann, dass Frauen für gleiche Arbeit teilweise weniger bezahlt bekommen. Oder warum ein Tag vollgefüllt mit Meetings mehr wert ist als einer, den man mit der Betreuung der Kinder oder der Pflege von Angehörigen verbringt. Denn je mehr Männer über diese Themen in der Öffentlichkeit sprechen, desto mehr werden diese Themen auch mit ihnen verknüpft, und desto normaler wird es, dass auch Männer Väter mit Familienpflichten sein können. Und das könnte doch insgesamt einen positiven Effekt haben.

Weil ich die Erfahrung gemacht habe, dass viele Männer sich mit Feminismus immer noch schwertun, habe ich für meine Gespräche einen spielerischen Ansatz gewählt. Auch um dem Ganzen die Schwere zu nehmen und beim Diskutieren und gemeinsamen Denken ein bisschen Spaß zu haben. Es gehört sowieso viel mehr gelacht! Und um kein Missverständnis aufkommen zu lassen, habe ich die Klischees auch gleich ausgereizt und die Männer in ein frauentypisches Setting eingeladen – mit Teelicht, Prosecco und „Frauenpower"-Tee. Für das Gespräch auf Augenhöhe gab es das amikale „Du" und für den typisch männlichen

Spieltrieb drei Joker: den Nein-Joker, mit dem eine Frage komplett verweigert werden konnte, den Richtungswechsel-Joker, mit dem ich die unliebsame Frage beantworten musste, und den klassischen Telefon-Joker. Kleiner Spoiler vorweg: Die Hilfsmittel wurden kaum eingesetzt. Wer alle Fragen ohne Einsatz eines Jokers beantworten konnte, bekam zum Schluss einen Preis – zum Beispiel Schokolade, ein Entspannungsbad oder eine Handcreme. Applaus, wie ihn zu Beginn der Corona-Pandemie die Pflegekräfte und andere in systemrelevanten Berufen Tätige – also vorrangig Frauen – bekommen haben, stand ebenfalls zur Auswahl.

Herausgekommen sind sehr offene Gespräche, die die persönlichen Ansichten und individuellen Lebensrealitäten meiner Interviewpartner widerspiegeln. Und die verdeutlichen, in welch unterschiedlichen Welten Männer und Frauen heute immer noch leben. Nichts davon hat Anspruch auf Allgemeingültigkeit, liefert aber eine gute Grundlage für weitere Gespräche und Gedanken zum Thema. Nachdem ich die Befürchtung habe, dass der Feminismus auch in 100 Jahren noch Relevanz haben wird, kann es nicht schaden, sich möglichst viele Perspektiven anzuschauen, möglichst vorurteilsfrei zuzuhören, sich anzunähern und offen zu bleiben. Das habe ich mit „Frauenfragen" versucht. Denn, wer weiß schon so genau, wo der Weg zur Lösung liegt? Vielleicht genau dort, wo man ihn nie vermutet hätte.

AM ROTEN TEPPICH

Armin Assinger trägt bei unserem Treffen ein graues Shirt, eine graue Weste, eine grau-schwarz karierte Hose, weiß-schwarz-grau gestreifte Socken und braune Lederschuhe.

MODE
... ist mir nicht so wichtig. Es macht aber schon Spaß, schön angezogen zu sein.

HAUTCREMEN
... verwende ich. Aber nichts Bestimmtes, weil eh überall das Gleiche drinnen ist.

SCHÖNHEITSOPERATIONEN
... sind für mich kein Thema. Aber einmal habe ich mir Botox spritzen lassen.

ANGST VOR DER JÜNGEREN KONKURRENZ
... habe ich nicht. Mit 56 Jahren habe ich ja auch noch ein bisschen Zeit, bevor sie mich abmontieren.

DIE VEREINBARKEIT VON KINDERN UND KARRIERE
... war für mich sehr einfach, weil ja meine Frau da war.

WENN ES 24 STUNDEN KEINE FRAUEN GÄBE
... würde ich meine Freunde anrufen und sagen: „Männer, was machen wir mit diesem Feiertag?"

ARMIN ASSINGER

Richtungswechsel-Joker, kein Preis

ARMIN ASSINGER

Ich bin nervös. Nicht weil ich gleich mit einem der beliebtesten Showmaster des Landes über klassische Frauenthemen sprechen werde, sondern weil ich ein Mischpult, zwei Mikrofone und einen Haufen Kabel vor mir liegen habe, die ich richtig zusammenstecken muss. Aus diesem Wirrwarr soll ein Aufnahmegerät werden, das meine und Armin Assingers Worte in den Computer hineinspielt. Ich habe mehr als zehn Jahre beim Radio gearbeitet, das heißt, ich bin es gewohnt, Interviews aufzunehmen. Doch damals saß immer ein Techniker ein paar Türen weiter und kam herbeigeeilt, wenn es in meinem Kopfhörer plötzlich zu rauschen begann. Das habe ich nun davon, dass ich mich nie so richtig für Technik interessiert habe, denke ich, während ich laut fluchend an den Reglern des Mischpults drehe. Irgendwann schaffe ich es, dass alles so angeschlossen ist, wie es gehört, und wir können loslegen.

„‚Frauenfragen' heißt das?", fragt Armin Assinger, nachdem ich die Begrüßungsworte gesprochen habe. „O.K., das wird interessant." Man sagt immer, Frauen würden, wenn sie für Interviews oder als Expertinnen für Podiumsdiskussionen angefragt werden, zuerst einmal zögern. „Ich weiß nicht, ob ich die Richtige für das Thema bin" und „Vielleicht gibt es ja noch jemanden, der besser geeignet ist", sind gängige Antworten.

Männer hingegen sagen meist zu und fragen erst dann, worum es eigentlich geht. Genau wie Millionenshow-Moderator Armin Assinger, dem ich das Konzept meiner Gesprächsreihe im Vorfeld am Telefon erklärt habe. Gut, vielleicht hat er es auch einfach vergessen, vermute ich, während er mir einen Prosecco einschenkt. Meinen Hinweis, dass ich hier ja arbeiten muss, wischt er mit den Worten „Geh her. Is jo wurscht" in seinem unverwechselbaren Kärntner Dialekt einfach weg. Und so nippe ich bereits am Vormittag an einem Glas Prosecco und fühle mich dabei wie früher, als mir ältere Typen in Bars Getränke spendiert haben, die ich gar nicht wollte. Ich lächle irritiert und bin froh, dass ich zumindest beim „Frauenfragen"-Gespräch den Fahrplan in der Hand habe und das Setting vorgeben kann.

Der ehemalige Skirennläufer und ich sitzen in einem schmucklosen Besprechungsraum einer IT-Firma im Zentrum von Wien, in der ich die meisten meiner Interviews aufzeichne. Sie gehört einem guten Freund, und ich habe mich auf Anhieb in dieses Büro verliebt. Klare Linien, keine Schnörkel. An der Wand hängt ein Whiteboard, auf dem Diagramme und eine Menge Pfeile aufgemalt sind. Auf dem Regal links neben der Glastür stehen ein paar verkümmerte Kakteen und daneben liegt eine Kiste mit Überresten von Weihnachtsschmuck. Es ist Sommer. Keine Bilder an der Wand, keine liebevoll drapierten Deko-Objekte, nichts, was auch nur im Entferntesten an eine typisch weibliche Wohlfühlatmosphäre erinnern könnte. Im Aufenthaltsraum gibt es außerdem einen riesigen Billardtisch. Genau diese testosterongetränkte Umgebung schmücke ich nun mit meinen „Frauenfragen". Und der Kontrast könnte kaum größer sein. Auf dem Tisch stehen typische Frauengetränke auf kleinen gehäkelten Deckchen. Eine Kerze in der Mitte verströmt Vanilleduft.

Ich erkläre die Spielregeln, rolle meinen „roten Teppich" aus und frage Armin Assinger nach seiner Kleidung, seiner Körperpflege und ob er Angst davor hat, demnächst von einem jüngeren Kollegen ersetzt zu werden. Ich wähle bewusst plakative Fragen, die die Lebensrealität von Frauen, die in der Öffentlichkeit stehen, widerspiegeln sollen. Ohne irritiert zu sein, spricht der 56-Jährige ausführlich über die banalsten Themen und freut sich, dass ich ihn als fit und gutaussehend bezeichne. „Normalerweise geht es nur um den Beruf – wie geht es mit der Millionenshow weiter, oder wo sehen Sie sich in zehn Jahren. Deine Fragen sind eine angenehme Abwechslung", meint er gut gelaunt. „Außerdem waren ein paar schöne Komplimente dabei." Ich lerne: Wer es nicht gewohnt ist, ständig auf sein Äußeres reduziert zu werden, und sich seiner Leistungen sicher sein kann, empfindet Bemerkungen zum Aussehen als wohltuend und erfrischend. Also nicht das Sprechen über Mode, Make-Up-Routinen und Diäten per se ist das Problem, sondern die Tatsache, dass man darauf beschränkt wird. Und das passiert in der Regel halt nur Frauen. Ich erinnere mich daran, wie ich Armin Assinger kennengelernt habe. Es war 2012 bei der Pressekonferenz des ORF zur Präsentation einiger neuer Fernsehsendungen. Mein Reportageformat „Mein Leben" wurde vorgestellt und Assingers Dokusoap „A-Team", in der er gemeinsam mit Juristen, Bauprofis und anderen Fachleuten Menschen aus der Patsche helfen sollte. Ich weiß noch, dass ich die ganze Präsentation hindurch schwitzige Finger hatte und hoffte, auf meiner Bluse würden keine Schweißflecken entstehen. Eine rote Bluse und eine weiße Jacke. Das hatte ich an die-

Deine Fragen sind eine angenehme Abwechslung.

sem Tag an. Ich stand inmitten von Journalist*innen und dem Publikumsliebling Assinger, und eine meiner größten Sorgen war, ob meine Kleidung eh O.K. aussah. Selbst als moderne, feministische Frau, als die ich mich sehe, ist das Kleinmachen und Reduzieren auf das Aussehen an der Tagesordnung. Es ist in mir einprogrammiert wie das zweite X-Chromosom. Als ich Assinger dann übrigens wieder traf – kurze Zeit später, zur Aufzeichnung der „Promi-Millionenshow" in Köln –, unterhielten wir uns über Sport. Ein Thema, das mit Männern immer geht. Ich erinnere mich noch daran, dass er mir ausführlich schilderte, wie er sich auf seinen Dienstreisen fit hält. Durch Berglaufen im Stiegenhaus eines Hotels zum Beispiel. 50-mal rauf in den 15. Stock und wieder runter. Ich war beeindruckt. Was Assinger an dem Abend anhatte, weiß ich nicht mehr. Ist bei Männern im Grunde ja auch egal. Selbst am Red Carpet, wo Oberflächlichkeiten und der Kleidungsstil Programm sind, werden Männer zu ihrem Können befragt.

Nachdem ich die klassischen Rote-Teppich-Fragen mit Assinger also abgehandelt habe, bringe ich ein Thema aufs Tapet, das mir persönlich extrem wichtig ist: die Vereinbarkeit von Familie und Beruf. Ganz klar ein Frauenthema. Denn während erfolgreiche Frauen mit Kindern ständig dazu befragt werden, können erfolgreiche Männer zehn Kinder haben, ohne dass es irgendjemanden wundert. Erst unlängst wurde das im Wahlkampf zur deutschen Bundestagswahl 2021 deutlich. Die Kandidatin der Grünen, Annalena Baerbock, die zwei kleine Kinder hat, wurde prompt gefragt, wie sich Kinder und das Kanzleramt denn vereinbaren lassen. Ihre Kontrahenten, Armin Laschet und Markus Söder, die ebenfalls, wenn auch bereits ältere, Kinder haben, wurden das nicht gefragt. Zumindest sind wir mittlerweile aber so weit, dass diese einseitige Fragestellung viele irritiert und auch Einzug in die mediale Berichterstattung gefunden hat. Denn müssten wir nicht vielmehr fragen, welche veralteten Strukturen wir verändern müssen, damit Mütter, wenn sie wollen, jeden Job der Welt machen können? Genauso wie die meisten Väter ja auch.

Armin Assinger jedenfalls hat mit seiner Ex-Frau Bettina, von der er seit 2014 geschieden ist, zwei Kinder. David ist mittlerweile 26 Jahre alt, Fiona 21. Genau in dem Jahr, als sein Sohn zur Welt kam, beendete der ehemalige Skirennläufer seine aktive Karriere. Man könnte meinen, der perfekte Zeitpunkt, um sich voll und ganz der Vaterrolle zu widmen. Doch Assinger, der damals noch bei der Gendarmerie war, konzentrierte sich lieber auf seine zweite Karriere als Kommentator von Skirennen im Fernsehen und den Wechsel in die Unterhaltungsbranche. Nur logisch also, dass seine Frau Bettina ihren Job in einer Bank aufgab. Sie kehrte auch nie wieder dorthin zurück. „Es war nicht notwendig, dass sie weiterarbeitet. Wir haben auch so ein schönes Leben gehabt." Klingt nachvollziehbar. Wer will schon, wenn er auch so ein schönes Leben haben kann, einem öden Brotjob nachgehen, denke ich, als Assinger von seinen ersten Jahren als Vater erzählt. Und irgendwo in mir drinnen spüre ich auch ein bisschen Neid. Also, sehr, sehr tief in mir drinnen, dort wo die kleine Prinzessin sitzt, die als Kind immer wieder gehört hat, dass „reich heiraten" eine gute Option wäre und vor allem zu einem glücklichen Leben führt. Weil ich hier aber mitten in einem feministischen Gespräch bin, in dem ich Männer für Gleichberechtigung sensibilisieren und ihnen Paroli bieten will, ignoriere ich das kleine Mädchen schnell wieder und widme mich meinem Gesprächspartner, der dabei ist, das „schöne Leben" näher zu beschreiben. „Wir haben bald die Assinger-Firma gegründet, in der meine Frau für die Administration zuständig war – die leidige Büroarbeit,

Abrechnungen und Ähnliches. Und sie hat natürlich auch den Haushalt gemanagt." Siehst du, der Prinz ist doch keine Lösung, rufe ich der Prinzessin in mir noch schnell zu, bevor ich mir das Gesagte noch einmal auf der Zunge zergehen lasse. Kinder, Hausarbeit und leidige Bürotätigkeit. Die Karriere des Mannes pushen. Zu Hause alles managen. So schaut also ein schönes Leben aus. Ja, es mag Frauen geben, die damit kein Problem haben und die in der Rolle der Hausfrau und Mutter voll aufgehen. Denen ihre finanzielle Unabhängigkeit und ihr gesellschaftlicher Status nicht so wichtig sind. Die ihre Selbstentfaltung nicht im Job suchen. Aber warum ist das so? Weil sie, wie ich, als kleine Mädchen durch Stereotype gelernt haben, dass das ihre Bestimmung ist? Weil sie keine Alternativen sehen? Oder wie Assinger es formuliert: „Meine Ex-Frau ist aus einem eher konservativen Haus aus Tirol, und somit war das überhaupt kein Thema zu der Zeit." Aber das ist doch unfair, platzt es aus mir heraus. Dass man als Mann beides haben kann, Kinder und Karriere, und dass Frauen sich immer entscheiden müssen. Der Showmaster schaut mich mit einer Mischung aus ernstem und erstauntem Blick an. Ein Blick, den er manchmal auch aufsetzt, wenn Kandidat*innen in der Millionenshow eigenartige Herleitungen für Antworten finden. Gleichzeitig umspielt ein Lächeln seine Lippen. Er denkt kurz nach und sagt dann: „Mein Gott, nein, warum soll ich das unfair finden? Das war halt so. Wir waren da gleichgeschaltet, auch von der Einstellung her, und somit war das O.K." Ich merke, dass es rein auf der persönlichen Ebene wohl eher schwierig werden wird, Assinger zum Nachdenken zu bewegen.

Sein Privatleben wurde rund um seine außereheliche Affäre, die 2007 aufflog, ausgeschlachtet. Der Boulevard hat sich wie eine Hyäne auf seine Ehe und die darauffolgende Scheidung gestürzt. Warum also soll er mit mir in den

Dialog gehen, wenn ich ihm vorwerfe, es sich als Ehemann und Vater zu leicht gemacht zu haben? Warum sollte überhaupt jemand zum Nachdenken angeregt werden, wenn ihm Vorwürfe um die Ohren geschmissen werden? Ich bin alt genug, um kapiert zu haben, dass das so nicht funktioniert. Also schwenke ich um auf die Strukturen, die es Frauen in dieser Welt schwer machen, ein selbstbestimmtes Leben zu führen. Ich sage, dass wir eine gesellschaftliche Verantwortung hätten, damit in Zukunft niemand mehr aufgrund seines Geschlechts benachteiligt wird, und dass es doch wünschenswert wäre, dass Männer mehr für ihre Kinder da sein können. Dass auch sie unter dem Patriarchat leiden und sich aufgrund von Rollenzuschreibungen gar nicht voll entfalten können.

Assinger sitzt mir in einem schwarzen Ledersessel gegenüber und hört gespannt zu. Zum ersten Mal in unserem Gespräch verlässt ihn der hemdsärmelige Schmäh, und er wird nachdenklich. Ich höre es in seinem Kopf rattern, als er nach Worten ringt: „Ja, da hast du wohl recht. Du öffnest gerade eine Seitentür in meinem Hirn. Über all diese Themen habe ich bisher noch nie so bewusst nachgedacht." Diese Offenheit überrascht mich und gleichzeitig macht sie mich fassungslos. Wie kann es sein, dass ein 56-Jähriger das Thema Gleichberechtigung noch nie auf dem Radar hatte? Wie kann es sein, dass es spurlos an ihm vorübergegangen ist, dass Frauen in vielen Belangen benachteiligt sind? Und warum hat er nicht versucht, mehr Zeit in Familie und Kinder zu investieren? Als könnte er meine Gedanken lesen, sagt Assinger rechtfertigend: „Es

Über all diese Themen habe ich bisher noch nie so bewusst nachgedacht.

hätte sicher mehr sein können. Aber ich komme eben auch aus einer Sportart, wo du in gewisser Weise eine Egosau sein musst. Einzelsportler sind ja auch Egoisten, und wenn du dann aufhörst, kannst du den Schalter nicht komplett umlegen und sofort ein Teamplayer werden. Das muss man einem auch ein bisschen nachsehen."

Muss man das wirklich? Vieles, das Armin Assinger sagt, kann ich ihm tatsächlich nachsehen. Von seiner Warte aus betrachtet, kann ich viele seiner Aussagen und Entscheidungen nachvollziehen. Aus einer privilegierten Sicht, und die hat man als Mann zweifellos, redet es sich aber auch leicht. Aus einer privilegierten Sicht nimmt man viele Ungerechtigkeiten gar nicht wahr. Oder vielleicht will man sie auch nicht wahrnehmen, um das angenehme Gefühl nicht zu trüben. Denn wie kann es einem als Vater gut gehen, wenn man weiß, dass die eigene Tochter sich ihre Lebensträume aufgrund ihres Geschlechts vielleicht nicht erfüllen wird können? Dass sie sich zwischen Kind und Karriere entscheiden wird müssen und dass sie eines Tages weniger verdienen wird als der eigene Sohn? Wie kann man das nicht höchstgradig ungerecht finden? Aber wahrscheinlich ist das wie mit vielen Dingen im Leben. Der dunkelhäutige Nachbar ist eh ganz nett, aber alle anderen Schwarzafrikaner sind Drogendealer. Der nette Obdachlose vor dem Supermarkt kann sicher nichts für sein Schicksal, aber alle anderen sind selbst schuld. Und die eigene Tochter wird es dann schon nicht so schwer haben, auch wenn Frauen generell benachteiligt sind. Wahrscheinlich ist das eine Art Selbstschutz, den wir Menschen eingebaut haben, um die vielen Ungerechtigkeiten in der Welt nicht spüren zu müssen. In Bezug auf die Gleichberechtigung ist dieser Schutzmechanismus aber fatal. Denn wie soll sich etwas ändern, wenn Gleichberechtigung immer nur als individuelles Problem gedacht wird?

„Was bräuchte es denn, damit die Welt eine gleichberechtigtere wird?", will ich von Assinger wissen. Weil er darauf keine Antwort hat oder weil ihm das Thema langsam auf die Nerven geht, greift er zu einem der drei Joker, die ich ihm am Anfang des Gesprächs ganz in Millionenshow-Manier präsentiert habe. Er legt die rosafarbene Richtungswechsel-Karte vor mich auf den Tisch und schaut mich herausfordernd an. Ich schaue auf die zwei Pfeile, die ich mit den Filzstiften meiner Kinder draufgemalt habe, und finde das plötzlich alles ziemlich absurd: Muss man im Jahr 2020 wirklich noch so über Gleichberechtigung diskutieren? Offensichtlich schon.

Wie es meine Spielregeln also vorgeben, beantworte ich jetzt die Frage. „Es gibt so vieles, das sich ändern müsste", sage ich, und dass ich mit den „Frauenfragen"-Interviews einen kleinen Teil dazu beitragen möchte. Außerdem müssten Frauen endlich genauso viel verdienen wie Männer und in alle beruflichen Ebenen vordringen können. Wenn es sein muss, auch mit einer gesetzlich geregelten Quote. Das Wort Quote löst bei Assinger, wie übrigens bei vielen Menschen, große Emotionen aus. „Muss das wirklich mit Zwang sein, dass, wenn ein Mann und eine Frau sich bewerben, automatisch die Frau genommen wird? Dann sind doch wieder die Männer diskriminiert, und das wollen wir ja auch nicht", sagt er, fügt dann aber noch hinzu, dass er Quoten prinzipiell schon ganz gut findet. Natürlich will ich nicht, dass Männer diskriminiert werden. Wer will das schon ernsthaft? Aber kann man nicht über eine faire Aufteilung sprechen, ohne dass gleich der Angstschweiß ausbricht? Ohne dass man gleich eine Notrufnummer für den diskriminierten Mann einrichten muss? Eine Studie des Weltwirtschaftsforums aus dem Jahr 2020 besagt übrigens, dass, wenn es in Sachen Gleichberechtigung in dem Tempo weitergeht, es noch 100 Jahre dauern wird, bis Frauen und

Männer tatsächlich gleichgestellt sind. Die Rede ist von gleichgestellt, nicht bessergestellt. Also kein Grund zur Panik! Assinger bleibt trotzdem skeptisch. Auch als ich über den Gender-Pay-Gap spreche, also die Tatsache, dass Frauen nach wie vor weniger verdienen als Männer. „Dass Frauen so viel weniger verdienen als Männer, muss man schon differenziert sehen. Zum Beispiel im Staatsdienst, bei den Beamten. Da ist die Bezahlung ja schon angeglichen worden." Jetzt ist der ehemalige Skirennläufer so richtig in Fahrt. Gerade bei den Beamten sei es manchmal nicht fair, dass Frauen, die zum Beispiel weniger Dienstjahre vorweisen können, nur aufgrund ihres Geschlechts bevorzugt werden. Und dass man sich generell anschauen müsse, wie viele Menschen in Österreich überhaupt erwerbstätig sind und wie viele davon dann Beamte sind. Ich frage mich, ob er mir jetzt tatsächlich erklären will, dass es den Gender-Pay-Gap gar nicht gibt. Dass er vielleicht nur eine Erfindung von uns ach so aufgeklärten Feministinnen in der Stadt ist. Die Zahlen sagen jedenfalls etwas anderes: Im Jahresdurchschnitt 2019 gab es, laut Statistik Austria, 4.355.000 Erwerbstätige, ungefähr gleich viele Frauen wie Männer. Davon waren rund 200.000 Beamt*innen. Obwohl im öffentlichen Dienst gleichwertige Arbeit unabhängig vom Geschlecht gleich bezahlt wird, verdienen auch Beamtinnen im Schnitt weniger als ihre männlichen Kollegen. Das liegt u.a. daran, dass auch hier Frauen eher in Teilzeit arbeiten und weniger in Führungspositionen zu finden sind.[1]

In Sachen Gleichberechtigung gibt es also definitiv noch viel zu tun. Darauf einigen sich Assinger und ich nach gut eineinhalb Stunden, die wir bereits in diesem nüchternen Besprechungsraum sitzen, am Prosecco-Glas nippen und über „Frauenfragen" diskutieren. Als wir thematisch bei der Frauenquote in der Unterhaltungsbranche ankommen, schlägt der Showmaster plötzlich die Hände zusammen und meint: „Do is a Gössn." Da ist eine Gelse. Ich kann keine sehen und mir beim besten Willen auch nicht vorstellen, wie ein Insekt in diesem klinisch sauberen Zimmer überleben könnte. Vielmehr habe ich den Eindruck, dass Assinger mit dieser Nebensächlichkeit ablenken will. Dass es ihm unangenehm ist, über Themen zu sprechen, in denen ihm die Expertise fehlt. „Du hast mich heute wirklich am falschen Fuß erwischt, weil ich ja nicht gewusst habe, worüber wir reden werden. Deswegen kann man nicht jede Aussage von mir für bare Münze nehmen. Mir ist bewusst, dass das Thema ein sehr sensibles ist, und ich will ja auch niemanden vor den Kopf stoßen."

Vor den Kopf gestoßen werden Frauen in der Unterhaltungsbranche aber immer wieder. Oder wie ist es zu erklären, dass die meisten großen Unterhaltungssendungen im Fernsehen von Männern präsentiert werden? Und wenn Frauen vorkommen, sie häufig nur als Co-Moderatorinnen fungieren dürfen, oder wie eine Schweizer Zeitung über Michelle Hunziker bei „Wetten, dass ..?" geschrieben hat, als „schönster Sidekick der Fernsehgeschichte"[2]? Wie ist es zu erklären, dass der Programmdirektor der ARD 2020 in einem Interview meinte, er finde keine Frau für die Showunterhaltung, und dafür berechtigterweise heftige Kritik erntete? Und warum wurde auch die Rate-Sendung „Die Millionenshow", die bereits in über 100 Ländern ausgestrahlt wurde, weltweit hauptsächlich von Männern moderiert? Als Barbara Stöckl im Jahr 2000 in Österreich die Moderation der Quizsendung übernahm, war sie weltweit die einzige Frau für dieses Format. Mittlerweile haben einige Fernsehstationen nachgezogen, doch immer noch sind Frauen als Quizshow-Moderatorinnen die Ausnahme. „Jemand in führender Position hat mal gesagt: Quiz ist Männersache", ergänzt Assinger. In Bezug aufs Moderieren geben ihm die Fakten recht. Wenn man sich jedoch anschaut, wie viele Frauen in der Millionenshow bereits die Millionen-Frage geknackt haben, stimmt die Aussage nicht mehr. Denn seit Beginn der Ausstrahlung der Sendung im ORF sind bisher fünf Frauen und zwei Männer mit der Million nach Hause gegangen. Vielleicht könnte man daraus jetzt auch

Jetzt fängt es langsam an, unbequem für mich zu werden.

wieder etwas Schlaues ableiten, denke ich, verkneife mir dann aber, es laut auszusprechen. Anders als Armin Assinger, der geradeheraus sagt, was er sich denkt. Und so meint er gegen Ende unseres Gesprächs: „Jetzt fängt es langsam an, unbequem für mich zu werden, weil du auf diesem Thema so herumreitest, und ich merke, wie wenig Gedanken ich mir im Laufe der letzten Jahre dazu gemacht habe. Aber kommendes Wochenende bin ich allein, und da werde ich sicher darüber nachdenken." Kaum hat er den Satz beendet, muss er auch schon los zu seinem nächsten Termin. Denn wenn der Kärntner einmal in Wien ist, ist sein Zeitplan dicht gedrängt. Lässig wirft er sich seine Jacke über, nimmt seinen kleinen Rollkoffer und eilt zum Ausgang. Bevor die Tür zufällt, dreht sich Assinger noch einmal um, winkt freundlich und ruft: „Bis bald, Marilein." Und damit wird mir einmal mehr bewusst, wie viel in Sachen Gleichberechtigung tatsächlich noch zu tun ist.

Alma Zadić

JUSTIZMINISTERIN

Ich werde als junge Mutter immer wieder gefragt, wie ich Job und Kind unter einen Hut bekomme und ob es meinen Mann nicht stört, dass er jetzt zu Hause bleibt und sich um das Baby kümmert. Ich habe noch nie gehört, dass man Männer in vergleichbaren Positionen fragt, wie sie Job und Kind unter einen Hut bekommen und ob es deren Frauen stört, die Kinder zu betreuen. Es kann nicht nur die Aufgabe der Frau sein, sich um die Erziehung und den gemeinsamen Haushalt zu kümmern. Es ist die Aufgabe beider Partner und die Frage ist daher an beide Elternteile zu richten.

Raphaela Scharf

MODERATORIN, JOURNALISTIN

Ich wurde einmal gefragt, ob ich auch noch andere Qualifikationen hätte, außer schön zu sein. Vor allem im Fernsehjournalismus werden Frauen häufig auf das Aussehen reduziert, und auch die Vereinbarkeitsfrage ist immer wieder Thema. „Teilzeitjob erwünscht? Kaum machbar." Von männlichen Kollegen habe ich noch nie gehört, dass sie so etwas gefragt wurden.

Mirjam Weichselbraun

MODERATORIN

Sätze wie: „Wo sind denn deine Kinder, wenn du arbeitest?", „Mausi, mach dir darüber keinen Kopf" oder „Du bist aber schon sehr ehrgeizig", habe ich persönlich schon oft gehört. Vor allem von den sogenannten alten, weißen Männern, aber immer wieder auch von Frauen. Es wäre schön, wenn wir uns da etwas kritischer hinterfragen würden. Denn im Grunde wollen wir doch alle selbstbestimmt und gleichberechtigt leben, und mit mehr Frauensolidarität kämen wir bestimmt schneller ans Ziel.

AM ROTEN TEPPICH

Christian Kern trägt bei unserem Treffen ein weißes Hemd und darüber ein khakifarbenes Sakko, klassische Bluejeans sowie blaue Socken und braune Lederschuhe.

MEIN BEAUTY-GEHEIMNIS
... ist, dass ich die Gene meiner Mutter habe.

SMARTPHONE ODER HAUTCREME? AUF EINE EINSAME INSEL NEHME ICH
... mein Telefon mit. Das ist schon nützlich. Wobei, ich besitze natürlich auch eine Hautcreme.

UNGESTYLT BIN ICH
... wenn ich mit meinem Hund in der Früh die erste Runde mache.

MASSANZÜGE
... habe ich keine. Dafür bin ich viel zu ungeduldig.

ANGST, DURCH JÜNGERE FRAUEN ERSETZT ZU WERDEN
... habe ich nicht. Im Gegenteil, ich habe zeit meines Berufslebens, Frauen gefördert.

CHRISTIAN KERN

Kein Joker,
Preis: Schokolade

CHRISTIAN KERN

Ich habe es zwei Mal probiert, aber richtig gut fand ich es nie, das Schwanger-Sein. Ich hatte fürchterliche Stimmungsschwankungen, nach kürzester Zeit Sodbrennen, und den berühmten Glow habe ich beim Blick in den Spiegel auch nie gefunden. Ein Kind zu kriegen, hatte ich mir definitiv besser vorgestellt. Schließlich wird einem überall vermittelt, dass die Schwangerschaft „die schönste Zeit im Leben einer Frau ist". Vielleicht empfinden es manche tatsächlich als schön, ständig Kommentare zur Größe des Bauches zu bekommen, mehrmals am Tag gefragt zu werden, wann das Baby denn kommt und ob es ein Bub oder ein Mädchen wird. Mich hat das meistens genervt. Ich frage Menschen, die zugenommen haben, ja auch nicht, ob da ein Sixpack Bier oder eine Schwarzwälder Kirschtorte drin ist. Für schwangere Frauen gilt aber offenbar ein anderer Maßstab, wenn es um die Überschreitung persönlicher Grenzen geht. Oder ist es allgemein üblich, dass Kolleg*innen einem ungefragt den Bauch küssen und Fremde beim Wandern einfach so – „Oh, wie schön! Darf ich mal?" – draufgreifen? Als Schwangere wird man plötzlich zu einer Art Allgemeingut und nicht mehr als Frau, sondern vor allem als schwanger gesehen. Besonders im beruflichen Kontext empfand ich das als äußerst unangenehm. Und so war ich bei meiner letzten offiziellen Begegnung mit Christian Kern im Jahr 2016 fast froh, dass er nicht meine Schwangerschaft, sondern mein Outfit thematisiert hat.

Der heute 54-Jährige war damals noch Bundeskanzler und sprach bei einer Podiumsdiskussion mit führenden Europapolitikern über die Zukunft der Europäischen Union. Ich war zu dem Zeitpunkt hochschwanger und führte als Moderatorin etwas atemlos durch das Gespräch. Denn das Baby im Bauch boxte an dem Tag besonders stark gegen mein Zwerchfell, und das lange Sitzen machte mir zu schaffen. Als wir fertig waren, schüttelte Kern mir die Hand und meinte: „Cooles Outfit." Ich trug ein graues Shirt, eine dunkelblaue Stoffhose, blau-weinrot karierte Socken und dazu weinrote Schnürschuhe. Ich weiß es noch so genau, weil mich die Aussage einerseits gefreut, andererseits aber auch irritiert hat. Hätte er das auch zu mir gesagt, wenn ich ein Mann gewesen wäre? Hätte er in dem Fall nicht vielmehr meine fachlichen Qualitäten beurteilt? War das ein klassischer Fall von: Frauen werden ständig auf ihr Äußeres reduziert? Oder können sich Frauen und Männer nicht auch einfach über Mode unterhalten, ohne dass gleich irgendeine Form von Sexismus dahintersteckt? „Jetzt darf man Frauen nicht einmal mehr ein Kompliment machen", werden einige vielleicht sagen. Natürlich darf man das. Sehr gerne sogar. Aber ebenso darf man sich bewusst machen, dass Frauen und Männer, vor allem in beruflichen Kontexten, mit unterschiedlichem Maß gemessen werden. Dass Männer vorrangig nach ihrer Kompetenz und Frauen nach ihrem Äußeren beurteilt werden. Das darf man durchaus hinterfragen und darüber diskutieren. Und genau deshalb habe ich Christian Kern, vier Jahre nach unserem Zusammentreffen im Haus der Europäischen Union, zu einem „Frauenfragen"-Gespräch eingeladen.

Wir sitzen also wieder nebeneinander und ich habe, natürlich absichtlich, fast das Gleiche an wie damals. Während sich Kerns Labradorhündin Samy unter den Tisch verkriecht, frage ich ihn, ob ihm mein Outfit immer noch gefällt. „Auf jeden Fall. Das ist sehr gelungen. Aber das war damals gar nicht so gemeint, wie es jetzt vielleicht bei dir rüberkommt", erklärt der ehemalige Bundeskanzler. „Das war wirklich ein sachliches, interessiertes Kompliment bzw. mehr eine Einschätzung. Ich habe auch überhaupt kein Problem damit, das zu einem Mann zu sagen. Nur ist bei Männern oft das Bewusstsein für Mode nicht so vorhanden."

Das Bewusstsein für Mode ist bei Christian Kern, der 2018 aus der Politik ausgeschieden ist und heute wieder in der Privatwirtschaft arbeitet, auf jeden Fall vorhanden. Bei unserem Treffen trägt er ein legeres Business-Outfit: Bluejeans, weißes Hemd und khakifarbenes Sakko, und auch sonst ist er stets gut gekleidet. Während seiner Zeit in der Politik fiel er optisch durch seine engen, gut sitzenden Anzüge auf, die ihm die Bezeichnung „Slim-Fit-Kanzler" einbrachten. Die satirische Onlinezeitung „Die Tagespresse" widmete Kerns körperbetontem Kleidungsstil sogar einen ganzen Artikel. „Das war knapp! Bundeskanzler Christian Kern musste heute Früh von einem Notarzt aus einem zu engen Designer-Anzug geschnitten werden", war da etwa zu lesen.[3] Kein österreichischer Politiker wurde je so auf sein Äußeres reduziert wie Kern. Altkanzler Wolfgang Schüssel fiel zwar auch mit seinen bunten Mascherln auf, doch der Einheitsbrei aus dunklen Anzügen und Krawatten war damals in den Medien nie wirklich Thema. Erst seit einigen Jahren werden Anzüge, Uhren und Socken von Politikern kommentiert und bewertet. Christian Kern hat sicher seinen Teil dazu beigetragen. „Ich muss gestehen, ein bisschen habe ich es schon nervig gefunden.

Denn nur weil du nicht bei jedem Schweinsbraten am Wegesrand schwach wirst, heißt das ja noch lange nicht, dass du nur noch darauf zurückgeführt werden musst", sagt der gebürtige Wiener, als ich ihn frage, wie er den Fokus auf sein Äußeres empfunden hat.

Für Frauen ist das, was Kern in seiner knapp zweijährigen Polit-Karriere widerfahren ist, Alltag. Während sich Politiker vor allem gegen ihre Konkurrenten durchsetzen müssen, sind Politikerinnen zusätzlich noch mit abwertenden Zuschreibungen und Objektivierungen konfrontiert – im Parlament genauso wie auf Social Media und in klassischen Medien. So wurde zum Beispiel die Europaabgeordnete der Neos Claudia Gamon als „Miss Neos"[4] und „Schöne Claudia" bezeichnet, die erste österreichische Außenministerin Benita Ferrero-Waldner wurde abfällig „Chanel-Pupperl"[5] genannt, und als Brigitte Bierlein 2019 Übergangskanzlerin wurde, dauerte es keine 24 Stunden, bis Zeitungen ihre Kleidungswahl kommentierten. „Das ist wahrscheinlich wirklich so ein Geschlechterstereotyp", meint Kern dazu. „Wenn mir meine Ehefrau ein Kompliment macht, bin ich glücklich darüber, aber sonst tue ich mir schwer, damit umzugehen. Als Mann bist du es einfach nicht so gewohnt, in dieser Kategorie gemessen zu werden." Gut, als Mann ist man vieles nicht so gewohnt. Zum Beispiel auch nicht, dass man aufgrund seines guten Aussehens im Berufsleben als weniger kompetent wahrgenommen wird. Kern hat das in seiner bisherigen Karriere jedenfalls noch nicht erlebt, wie er sagt – weder in der Politik noch in der Wirtschaft, wo er zuerst im Vorstand der Verbund AG[6] und danach als Vorstandsvorsitzender der Österreichischen Bundesbahnen tätig war. „Ich denke aber, es ist im Gegenteil schon hilfreich, gut auszusehen. Attraktive Menschen werden, so unfair das ist, a prima vista als sympathischer wahrgenommen", meint er. Bereits 1972 prägten amerikanische Wissenschaftler den Satz „What is beautiful is good", der bis heute zu gelten scheint. Auch aktuellere Studien belegen, dass schönen Menschen positive Charaktereigenschaften zugeschrieben werden. Allerdings trifft das nicht auf alle Lebensbereiche und auch nicht auf beide Geschlechter gleichermaßen zu. Erst kürzlich hat mir mein Mann, der in der IT-Branche tätig ist, einen Erfahrungsbericht geliefert, der das bestätigt. Seine Kollegin, eine große, schlanke, blonde und sehr kompetente Technikerin, hat, wie er sagt, immer wieder Probleme, von den größtenteils männlichen Kunden ernst genommen zu werden. Blöde und anzügliche Bemerkungen stünden regelmäßig auf der Tagesordnung. Das Vorurteil, eine Frau könne nicht gleichzeitig schön und intelligent sein, geistert also noch immer durch diverse Großraumbüros, auch in der prinzipiell aufgeschlossenen und, was Geschlechtergerechtigkeit betrifft, recht fortschrittlichen IT-Welt.

„Also, bei mir ist das sicherlich nicht so", sagt Kern, fast so, als hätte ich ihm mit meiner Anekdote etwas unterstellen wollen. „Ich mache mir bei meinen Mitarbeiter*innen und Kolleg*innen keine Gedanken darüber, ob sie gut ausschauen oder nicht." Mag sein. Die Mehrheit der Personalchef*innen tut das jedoch schon, vor allem, wenn es um die Besetzung von Spitzenpositionen geht. Das haben Wissenschaftler der Yale University bereits Ende der 1970er-Jahre nachgewiesen, und auch eine Studie aus dem Jahr 2019 kommt zu dem Ergebnis, dass Schönheit für Geschäftsfrauen eher ein Nachteil ist.[7] Offenbar liegt das daran, dass Führungspositionen eher mit „männlichen" Eigenschaften assoziiert werden und attraktive, also besonders weibliche Frauen, für diese Jobs deshalb unpassender erscheinen. Die Konsequenz? Frauen, die Karriere machen wollen, sollten sich so unattraktiv und maskulin wie möglich geben, meinen die Wissenschaftler.

Auch wenn diese Empfehlung auf den ersten Blick plausibel erscheint, ist sie meiner Meinung nach viel zu kurz gedacht. Denn warum müssen sich Frauen an die Gegebenheiten eines männlich dominierten Wirtschaftssystems anpassen? Warum denken wir nicht stattdessen darüber nach, wie wir die Vorurteile, Codes und Verhaltensvorschriften, die in der Geschäftswelt vorherrschen, aufbrechen und verändern könnten? Ich bin mir sicher, dass auch Männer davon profitieren würden. „Ein gutes Mittel gegen all diese Ungerechtigkeiten sind Quoten", meint Kern. „Aber neben Frauenquoten in allen Lebensbereichen wäre es genauso wichtig, ein anderes Männerbild zu entwickeln. Denn oft hängt es von den Chefs ab, ob sie Frauen fördern oder nicht,

Ein gutes Mittel gegen all diese Ungerechtigkeiten sind Quoten.

und das sind zu einem Großteil einfach noch Männer." Plötzlich ist ein lautes Gähnen zu hören, und ich bin irritiert, weil ich fast vergessen habe, dass Kerns Hund ja auch noch im Raum ist. Demonstratives Gähnen deute ich immer als Hinweis für Langeweile, und so frage ich mich, während Samy aufsteht und sich genüsslich streckt, ob unser Gespräch bisher vielleicht etwas fad war. Als ob ein Labrador das beurteilen könnte! „Hast du Samy, die ja ein Weibchen ist, eigentlich bewusst zu einem Gespräch über ‚Frauenfragen' mitgebracht?", will ich von Kern wissen, um die ernsthafte Stimmung ein bisschen aufzulockern. „Nein, sie ist meine ständige Begleiterin. Sie ist unglaublich anhänglich, was ich großartig finde. Ich nehme sie auch immer mit ins Büro, wo sie dann zu meinen Füßen liegt." Nach einer kurzen Pause fügt er noch hinzu: „Es ist das erste Mal in meinem Leben, dass mir jemand zu Füßen liegt." Höflich beantwortet Kern jede Frage, schweift dabei jedoch nie aus und sagt stets nur so viel, wie notwendig erscheint. In dem Buch „Christian Kern: Ein politisches Porträt"[8] wird der Ex-Kanzler als „fleißig, belesen und gescheit" beschrieben. Außerdem als „distanziert und kontrolliert", und diesen Eindruck habe ich bisher auch von ihm.

„Inwiefern hast du dich denn in die Familienarbeit eingebracht?", will ich von Kern wissen und mache damit das große Thema Vereinbarkeit von Familie und Karriere auf. Zu lange über das Aussehen zu reden, ist ja wirklich langweilig. Als er Vorstandsvorsitzender der ÖBB wurde, war seine Tochter aus zweiter Ehe gerade mal drei Jahre alt. „In diesen Managementberufen muss man zwar am Wochenende auch immer arbeiten, Unterlagen lesen und da und dort einen Termin absolvieren, aber im Wesentlichen habe ich schon versucht, mir diese Tage freizuhalten. Unter der Woche ist das aber oft schwierig gewesen und vieles ist an meiner Frau hängen geblieben", erzählt der 54-Jährige, der seit 2009 mit der Unternehmerin Eveline Steinberger-Kern verheiratet ist. Die beiden haben sich beim Verbundkonzern kennengelernt, wo Steinberger-Kern knapp zehn Jahre beschäftigt war. „Ich bin in der Holding in den Vorstand gekommen und sie war damals Geschäftsführerin im Vertrieb. Da gab es dann natürlich eine Vereinbarkeitsthematik, und deshalb haben wir uns dazu entschieden, dass sie geht und etwas anderes macht. Im Nachhinein glaube ich, dass es für ihren weiteren Weg gut war, aber das hat man natürlich nicht wissen können." Ich runzle die Stirn. Im Nachhinein kann man sich wirklich alles schönreden. Weil Kern meine kritischen Gedanken möglicherweise spürt, fügt er erklärend hinzu: „Eveline ist etwas jünger als ich, und wenn man will, war ich in meinem Karriereverlauf durch die Lebensjahre schon etwas weiter. Deshalb war es in dem Fall recht klassisch, dass sie verzichtet hat. Als ich jedoch aus der Politik ausgeschieden bin, war es genau umgekehrt. Da sind wir gemeinsam zu der Entscheidung gekommen, dass jetzt genug ist. Vermutlich wäre ich ohne den Klartext meiner Frau noch länger in der Politik geblieben." Gleichberechtigung wird in der Familie Steinberger-Kern offenbar sehr großgeschrieben, und so ist es nicht nur dem Ex-Kanzler möglich, Karriere zu machen, sondern auch seiner Frau. Zwei Jahre nach der Geburt der gemeinsamen Tochter machte sie sich in der Energiebranche selbständig. 2014 gründete Eveline Steinberger-Kern ein Unternehmen in Israel und ist neben Managementtätigkeiten dort derzeit auch noch Mitglied im Aufsichtsrat zweier großer Konzerne.

Wenn Kern über seine Frau spricht, schwingt in seinen Worten viel Respekt und eine Beziehung auf Augenhöhe mit. „Ich habe eine selbstbewusste, erfolgreiche, kluge Frau und bin selber selbstbewusst genug, um das als großes Glück zu sehen." Und deshalb war es für ihn nur logisch, nach dem Ausstieg aus der Politik auch beruflich gemeinsame Sache zu machen. „Viele glauben ja, dass du, wenn du Bundeskanzler oder Politiker bist, nur Vorteile hast. Für meine Frau war mein Politiker-Dasein aber mit Sicherheit ein beruflicher Nachteil, weil viele Dinge aufgrund von Vereinbarkeitsproblemen nicht gegangen sind. Sie hat in dieser Situation auch manchmal den Kürzeren gezogen, aber das mit Langmut und größter Liebe und Solidarität." Ein schöner Satz, den ich gerne genau so einmal aus dem Mund einer Frau hören würde: „Mein Mann hat beruflich auch manchmal den Kürzeren gezogen, aber das mit Langmut und größter Liebe und Solidarität." Das muss man sich einmal auf der Zunge zergehen lassen. Obwohl wir im dritten Jahrzehnt des 21. Jahrhunderts angekommen sind, wird das Verzichten auf eine Karriere immer noch eher Frauen zugeordnet, genauso wie die

Eigenschaften Langmut, Demut oder Sanftmut, die allesamt weibliche Artikel haben. Wörter wie Hochmut, Übermut und Wagemut hingegen, die nach Energie und Schaffenskraft klingen und den nach außen gerichteten Mut beschreiben, sind männlich.[9] Ist Mut jetzt also per se männlich? Diese Frage beschäftigt Sprachexpert*innen genauso wie Macher*innen von Talkshows im Fernsehen[10] und lässt sich mit Sicherheit nicht in ein, zwei Sätzen beantworten. Vielleicht lässt sie sich auch gar nicht beantworten, da Mut doch generell sehr subjektiv ist.

Für mich jedenfalls war Mutter zu werden eine der mutigsten Entscheidungen in meinem Leben. Denn nichts zuvor hat sich so sehr nach einem Sprung ins kalte Wasser angefühlt, nichts war so sehr an positive Erwartungen gekoppelt und nichts hat mich so heftig aus der Bahn geworfen. Während ich zwischen einem stundenlang durchschreienden Baby, nie enden wollenden Wäschebergen und der Hoffnung, mich selbst dabei nicht zu verlieren, oft verzweifelt bin, habe ich mir immer wieder vorgestellt, wie es wohl sein muss, alleinerziehend zu sein. Vor jedem Menschen in dieser Situation habe ich den allergrößten Respekt, und trotzdem ertappe ich mich manchmal dabei, dass ich vor alleinerziehenden Frauen mehr Respekt habe als vor Männern. Denn bei allem Bestreben, eine moderne Feministin zu sein, traue ich ihnen diese Aufgabe insgeheim nicht zu 100 Prozent zu. Habe ich das jetzt wirklich geschrieben? Ja, und zwar, weil ich mir vorgenommen habe, in diesem Buch so offen wie möglich zu sein, mich mit meinen eigenen tief sitzenden Geschlechterklischees und Vorurteilen zu konfrontieren und sie zu hinterfragen. Denn nur so ist es möglich, sie zu verändern. Und nachdem Christian Kern, als er mit 22 Jahren zum ersten Mal Vater wurde, eine Zeit lang alleinerziehend war, habe ich jetzt die perfekte Gelegenheit dazu. „Wie ist es überhaupt dazu gekommen, dass du plötzlich Solo-Papa warst?", will ich wissen. Das ist ja schon eher ungewöhnlich. Denn immer noch sind laut Statistik Austria nur 11,7 Prozent[11] der Alleinerziehenden Männer, und vor rund 30 Jahren waren es sogar noch weniger. „Mit meiner ersten Frau war das lange so eine Hop-On-Hop-Off-Sache. Als wir uns zum ersten Mal getrennt haben, wollte sie das Leben durchaus mehr genießen, ich meine das nicht böse. Das ist halt so eine Entscheidung. Aber für mich war immer klar, dass ich mich da nicht aus der Verantwortung stehlen kann. Ich werde jedenfalls nie vergessen, wie es war, wenn mein Sohn in der Früh in mein Bett gekommen ist, auf allen Vieren über meinen Brustkorb gekrabbelt und dann seufzend wieder neben mir eingeschlafen ist. So lange das her ist, fast 30 Jahre mittlerweile, das wirst du im

Für mich war immer klar, dass ich mich da nicht aus der Verantwortung stehlen kann.

Positiven nicht mehr los", erinnert sich Kern. Ich höre ihm aufmerksam zu und frage mich, ob ich auch einmal so verklärt über diese erste Zeit mit Baby sprechen werde oder ob Kern und ich, was das Gefühl über ein Leben mit Kindern betrifft, einfach aus anderem Holz geschnitzt sind. Ich tippe eher auf Zweiteres. „Ich bin so ein Kinderfreund", sagt Kern. „Ich habe auch mein Studium, bevor mein Ältester geboren wurde, als Babysitter finanziert. Wenn du mir ein Baby hinhältst, bin ich hin und weg." Das kann ich von mir definitiv nicht behaupten. Ich liebe zwar den Geruch von Babys und ihre zerknautschten Gesichter, ich liebe ihre unbändige Neugier auf die Welt und ihre Kuscheligkeit, aber es gibt mindestens genauso viele Aspekte, die ich an Babys nicht mag. Schon gar nicht an fremden.

Ich erzähle Kern, dass es bei uns im Kindergarten einen alleinerziehenden Vater gibt, und dass der immer sehr viel Verständnis für seine Situation erfährt. „Wie war das denn bei dir?", will ich wissen. „Genauso. Bis zum Abwinken wirst du als alleinerziehender Mann bewundert und giltst als Sensation", meint der 54-Jährige. „Da haben es Frauen wirklich schwerer, das ist überhaupt keine Frage." Und dann spricht er mit Begeisterung vom Roman „About a boy"[12], in dem sich ein Mann als Alleinerziehender ausgibt, um an attraktive Single-Mütter ranzukommen. „Das ist eine großartige Geschichte, an die ich mich manchmal erinnert gefühlt habe. Also nicht wegen dem Aufreißen, aber wie du da bei Frauen im Mittelpunkt stehst und auch ganz anders gesehen wirst. Das ist völlig unangemessen und fast skurril." Negative Reaktionen hat Kern als alleinerziehender Vater jedenfalls nie erlebt. Eigentlich seltsam, denn genauso oft wie Solo-Väter beklatscht werden, erleben sie Ablehnung und Skepsis – siehe meine eigenen Vorurteile. Wissenschaftlich abgesicherte Informationen zu alleinerziehenden Vätern gibt es noch relativ wenige. Erfahrungsberichte zeigen jedoch, dass sie es ähnlich schwer haben wie Frauen, nur eben auf anderer Ebene. Während Alleinerzieherinnen nämlich vor allem finanzielle Sorgen quälen und sie ihren Beruf rechtfertigen müssen, um nicht als Rabenmütter zu gelten, kämpfen Männer mit dem Fehlen eines klaren Rollenbildes. Sie werden oft nicht ernst genommen, müssen sich mehr erklären und tun sich schwerer, Gleichgesinnte zu finden.[13] Eine neuere Untersuchung be-

> Bis zum Abwinken wirst du als alleinerziehender Mann bewundert und giltst als Sensation.

sagt außerdem, dass alleinerziehende Väter eine dreimal höhere Sterberate als Single-Mütter oder Frauen und Männer haben, die in Beziehungen leben. Dass sie weniger Obst und Gemüse essen und mehr Alkohol trinken, also einen ungesünderen Lebensstil pflegen.[14] Ich wage zu behaupten, dass das vielleicht damit zu tun hat, dass Männer aufgrund der klassischen Rollenzuschreibungen im Patriarchat nicht lernen, sich gut um sich selbst zu kümmern. Ein Mann, der regelmäßig zum Arzt geht, seine Emotionen zulässt und ernst nimmt und nicht immer bis zur maximalen Belastungsgrenze arbeitet, gilt ja vielerorts immer noch als Weichei. Also: Smash the patriarchy! Männer hätten auch etwas davon.

Kerns Hund, der mir gegenüber bisher brav die Corona-Abstandsregeln eingehalten hat, kommt plötzlich ein bisschen näher und schnuppert an meinen Schuhen. Dabei wedelt er eifrig mit dem Schwanz, was bei Hunden ja so eine Art Begrüßung darstellt. Vielleicht ist es aber auch als Verabschiedung gemeint, denke ich und schaue auf die Uhr, die anzeigt, dass wir schon über eine Stunde hier sitzen und über klassische Frauenthemen sprechen. Die Zeit ist jedenfalls wie im Flug vergangen. Zum Abschluss möchte ich noch kurz über Kerns Rolle als Vater sprechen, in der er ja besonders aufzugehen scheint. Mit insgesamt vier Kindern[15] kann der bekennende Kinderfreund darin auch einen großen Erfahrungsschatz vorweisen. „Hattest du in Bezug auf dein Vatersein eigentlich ein Vorbild?", will ich wissen. „Nein. In so etwas wächst du rein, so etwas entwickelt sich. Bei mir im Elternhaus war das unglaublich liebevoll, wobei es da eine ganz klassische Geschlechter-Rollentrennung gab. Meine Mutter hat sich um mich und meine Schwester gekümmert, unglaublich viel Zeit investiert und auf vieles verzichtet. Aber mein Vater war auch voller Liebe. Das war wahrscheinlich das, was mich in meinem Vatersein am meisten geprägt hat." „Und wie würdest du dich als Vater beschreiben?", frage ich weiter, und erstmals zögert Kern ein bisschen bei der Antwort. „Ich glaube, ich bin ... Jetzt wirst du wahrscheinlich lachen und meine Tochter wird vielleicht aufjaulen, aber, ich glaube, ich bin wirklich ein cooler Vater, mit dem man tolle Dinge machen kann." Interessant, dass ihm das Adjektiv cool zu seinem Vatersein als Erstes einfällt, finde ich, und überlege, ob ich ihm im Anschluss an unser Gespräch anonym eines dieser peinlichen T-Shirts mit Aufschriften wie „So sieht ein echt cooler Papa aus" schicken soll. „Ist es dir als Vater denn besonders wichtig, cool zu sein?", frage ich nach. „Nein, das habe ich natürlich scherzhaft gemeint", rudert Kern zurück und fügt lachend hinzu: „Wenn jemand ernsthaft von sich behauptet, er ist cool, dann ist er vermutlich ein Idiot."

Cool ist wahrscheinlich der letzte Begriff, der mir einfallen würde, wenn ich über meine Rolle als Mutter nachdenke. Und das tue ich sehr oft. Lange Zeit war mein Muttersein vom Adjektiv „perfekt" geprägt bzw. von dem ungesunden Wunsch danach. Jetzt habe ich mein Bestreben zumindest auf „gut" gedownsized: Ein schneller Toast zum Frühstück statt frisch gekochtem Porridge und eine Runde Fernsehen statt pädagogisch wertvoller Basteleien. Meine Kinder, die ohnehin viel genügsamer sind als ich, finden das jedenfalls gut, und mein Leben ist so auch weniger anstrengend. Was ich aber immer noch recht schwierig finde, ist, die Balance zu finden, um genügend Zeit und Energie für meine Kinder und meinen Beruf zu haben. Das schlechte Gewissen ist allgegenwärtig. Auch Kern meint: „Die Frage, ob man ein guter Vater war und sich genug gekümmert hat, ist in Wahrheit nicht angenehm zu beantworten. Ich habe die Fähigkeit, das Glas so gut wie immer halbvoll zu sehen. Aber wenn du ein bisschen reflektierst, lebst du ja schon im Bewusstsein deiner eigenen Schwächen, und wer breitet diese schon gerne in der Öffentlichkeit aus." Vielleicht wäre aber genau das notwendig: dass wir alle ein bisschen mehr über unsere Schwächen und Ängste sprechen. Darüber, dass wir Fehler machen und nicht vollkommen sind. Darüber, dass wir oft mit uns selbst hadern und immer wieder auch scheitern. Egal wie erfolgreich wir nach außen scheinen. Passend dazu legt mir Kern zum Abschied noch ein Zitat von Winston Churchill auf den Tisch: „Erfolg ist nicht endgültig, Misserfolg ist nicht fatal. Was zählt, ist der Mut, weiterzumachen."

In Bezug auf mein eigenes Elternsein stimmen mich diese großen Worte sehr versöhnlich, und ich werde definitiv noch ein bisschen darüber nachdenken. Übrigens genauso wie über Kerns Angebot, mir in Zukunft als Kinderbetreuer zur Verfügung zu stehen. „Wenn du mal einen Babysitter brauchst, ruf mich an, ich bin da sehr kreativ", sagt er mit einem Augenzwinkern, das ich bewusst übersehe. Denn was liegt, das pickt! Und so werde ich heute nicht nur mit einer guten Unterhaltung und interessanten Erkenntnissen beschenkt, sondern mit der Gewissheit, in Zukunft wohl auch kein Betreuungsproblem mehr zu haben. Einzig die Frage bleibt offen, ob ich mir Christian Kern als Babysitter überhaupt leisten kann.

Lou Lorenz-Dittlbacher
MODERATORIN, JOURNALISTIN

Frauen werden nicht nur anders und anderes gefragt. Meine Erfahrung zeigt auch: Sie sollen Politiker*innen anders befragen. Das beginnt beim Gesichtsausdruck, den man sich bei Frauen fröhlicher und freundlicher wünscht als bei männlichen Interviewern, geht über die Tonlage, die auch dann nicht erhoben werden sollte, wenn man sich das Wort zurückholen will, und endet beim Inhalt, der weniger angriffig und scharf sein soll. Das zeigt sehr deutlich, dass Frauen und Männer noch immer mit unterschiedlichen Maßstäben gemessen werden. Was Männern als Stärke ausgelegt wird, interpretieren manche bei Frauen als Schwäche, Biestigkeit oder Hysterie.

Gertraud Klemm
SCHRIFTSTELLERIN

Als feministische Autorin habe ich ein Warnschild umhängen: Vorsicht, Kastrationsgefahr! Das hilft halt auch nur bedingt gegen die „Wie schaffen Sie das nur neben den Kindern?"-Fragen. Ich weiß schon: Die Frage wird aus wertschätzendem Interesse gestellt. Trotzdem würde ich lieber über meine Bücher reden und als Autorin wahrgenommen werden anstatt als Mutti.

Ina Regen

MUSIKERIN

Kurz vor einem Auftritt am Donauinselfest wurde ich einmal von einem Journalisten gefragt, wie es sich für mich anfühlt, die Frauenquote des Line-ups auf der Hauptbühne zu verkörpern. Dass ich mir diesen Weg jahrelang genauso hart erarbeitet habe wie meine männlichen Kollegen, schien dem Interviewenden für seine Story zu wenig spannend zu sein. Das hat mir sehr deutlich gezeigt, dass eine Frau entweder erfolgreich ist, weil sie eine Frau ist oder obwohl sie eine Frau ist, nicht aber einfach, weil sie gut ist in dem, was sie tut.

AM ROTEN TEPPICH

Ali Mahlodji trägt bei unserem Treffen ein weißes Leinenhemd, schwarze Shorts und weiße Sneakers.

WEISSE SNEAKERS
... erinnern mich an meine Kindheit. Es waren die ersten Schuhe, die ich neu bekommen habe.

IMPOTENZ UND PROSTATABESCHWERDEN
... machen mir keine Angst. Wenn Dinge kommen, dann kommen sie.

MEIN FRISUREN-VORBILD
... ist Bruce Willis. Weil er mit 39 Jahren und einer Glatze viel besser ausschaut als mit 20.

AUF MÄNNER WIRKE ICH
... oft irritierend.

FRAUEN FÜHLEN SICH IN MEINER GEGENWART
... oft sicher, weil sie wissen, dass ich einen anderen Zugang zu vielen Themen habe als die meisten Männer.

ALI
MAHLODJI

*Kein Joker,
Preis: Applaus und
Schokolade*

ALI MAHLODJI

„Heute treffe ich Ali Mahlodji", erzähle ich einer Freundin am Telefon. Ali wer? Sie ist nicht die Erste, die mit dem Namen nichts anfangen kann. Als ich ihr dann aber ein Foto des gebürtigen Iraners schicke, der vor ein paar Jahren in Lederhosen Werbung für die von ihm gegründete Berufsorientierungsplattform „whatchado" gemacht hat, schreibt sie: „Sag doch gleich, dass das der ist. Ja, der ist cool." Mahlodji kennt man nicht aufgrund seines Namens, sondern aufgrund seines Wirkens. Seit er sich aus dem Management von „whatchado"[16] zurückgezogen hat, schreibt der Shootingstar der heimischen Start-up-Szene Bücher über Empowerment, betreibt einen Podcast[17] und denkt darüber nach, wie man die Welt zu einer besseren machen könnte. Veranstalter, die etwas auf sich halten, laden den 39-Jährigen zu einer Keynote ein. Denn Mahlodji ist eloquent und sympathisch. Und sehr direkt. Schon beim Ankommen in meinem Podcast-Büro macht er eine Bemerkung über die sterile Atmosphäre und kurbelt damit meine innere Unsicherheits-Maschine an. Seit Tagen quälen mich Selbstzweifel: Was, wenn meine Idee, Männer einem Realitätenwechsel zu unterziehen, total blöd ist? Was, wenn sich niemand dafür interessiert? Und was, wenn mir vorgeworfen wird, erst recht wieder nur denen eine Bühne zu geben, die ohnehin immer auf einer stehen?

Als Ali Mahlodji und ich uns zum Tisch setzen, auf dem meine Notizzettel und Mikrofonkabel in wildem Durcheinander liegen, dreht sich meine Gedankenspirale weiter abwärts. Ich geniere mich. Er hat ja recht, ich hätte mehr Sinn für Ästhetik beweisen können. So wie Mahlodji selbst, dessen Podcast man sich auf YouTube auch anschauen kann und zu dem man sich allein schon wegen des stilvollen Settings gerne einladen lässt. Die Mikrofone hängen in Halterungen, die wahrscheinlich aus irgendeiner Design-Schmiede in Skandinavien stammen, die Regale sind voll mit Bildbänden und Turnschuhen, und manchmal flackert auf einem Monitor ein Kaminfeuer. Auf dem Tisch stehen trendige Getränke. Gut, die gibt es bei mir auch. Während ich den 39-Jährigen also frage, ob er einen Tee möchte, der Glück verspricht, oder doch lieber einen Prosecco aus dem Bio-Laden, wundere ich mich über mich selbst. Gerade heute, wo ich einem Mann gegenübersitze, der alles verkörpert, was dem Ideal des vielzitierten neuen Mannes entspricht, bin ich verunsichert. Und vor allem skeptisch. Denn Mahlodji trägt oft T-Shirts, auf denen „Female Future Force"[18] steht. Reiht er sich damit in die Riege derer ein, die ihren Körper mit feministischen Sprüchen schmücken, weil es

Wer in der heutigen Welt nicht Feminist ist, hat die Augen verschlossen.

gerade en vogue ist, oder steckt tatsächlich feministischer Kampfgeist dahinter? „Wer in der heutigen Welt nicht Feminist ist, hat die Augen verschlossen", sagt Mahlodji ruhig. „Wir Männer sind privilegiert, und ich denke, dass wir uns bewusst hinstellen und das zum Thema machen müssen. Ich bin Perser, habe einen Bart und Glatze – auf den ersten Blick würdest du wahrscheinlich nicht denken, dass mir das Frauenthema wichtig ist. Aber immer, wenn ich das T-Shirt anhabe, werde ich sofort darauf angesprochen. Denn Irritation macht neugierig und führt im besten Fall zu Veränderung." Mahlodji nutzt die Einstiegsfrage für ein Kurzreferat über die Kernbotschaften des Feminismus, und mir wird schnell klar, dass er nicht das erste Mal über diese Themen spricht. Noch bevor ich überhaupt meine Hörer*innen begrüßen kann, haben wir schon die Privilegien von Männern in der Berufswelt, das Reduzieren von Frauen auf die Mutterrolle, die nicht vorhandene finanzielle Wertschätzung von Hausarbeit und Ähnliches gestreift. Ich habe kurz das Gefühl, dass wir, wenn wir in der Geschwindigkeit weitermachen, das Problem mit der Gleichberechtigung zwischen Mann und Frau in den nächsten Stunden lösen könnten. Aber wie gut kennt der Unternehmer eigentlich die andere Seite? Weiß er, wie es ist, wenn das eigene Geschlecht die Gesprächsthemen vorgibt und man auf banale Fragen reduziert wird? Wenn man über nichts anderes reden darf als über die Lieblings-Wimperntusche und das Kleid, das man anhat? Das Sinnbild für solche klischeehaften Interviewsituationen ist der „rote Teppich", und dorthin entführe ich Mahlodji, indem ich ihn frage, ob er einen Schuhtick hat, ob er sich von Frauen eingeschüchtert fühlt und welche Beauty-Produkte in seinem Badezimmer stehen. Bei der Frage nach der Körperpflege wird er richtig euphorisch. Er berichtet von seinem Lieblingsduschgel, das er in fünffacher Ausführung daheim hat, von einem mikroplastikfreien Deo und einem Rasierschaum, den er sich nach dem ersten Lockdown gekauft hat, als Shopping für ihn zu einer Art Offenbarung wurde. Es fällt mir schwer, seinen Enthusiasmus für Pflegeprodukte zu teilen. Also sage ich: „Das ist ja eigentlich auch eine total blöde Frage." „Nein, überhaupt nicht", erwidert Mahlodji zu meiner Überraschung. „Während meiner Jugend waren mir Äußerlichkeiten sehr wichtig. Dann hatte ich eine Phase, in der es mir völlig egal war, wie ich aussehe, und seit Corona hat es wieder einen größeren Stellenwert." Und dann erzählt er von einem Freund, der vier verschiedene Sorten Haar-Wax zu Hause hat, und ich fühle mich, als wäre ich zwischen den Beauty-Seiten einer Frauenzeitschrift gefangen. Weil ich Angst habe, Mahlodji könnte gar nicht mehr aufhören, über Kosmetikartikel zu reden, unterbreche ich ihn und stelle die Frage, die mir in Bezug auf die Gleichberechtigung am wichtigsten erscheint – die Frage nach der Vereinbarkeit von Familie und Beruf.

Zum Zeitpunkt unseres Interviews ist Mahlodjis Tochter 15 Monate alt, seine Frau, Anna Mahlodji, ist Mitbegründerin und COO eines Kochstudios namens „feinkoch". Für Selbständige hat sich die Situation durch die Corona-Pandemie ja nicht unbedingt verbessert. Weder finanziell noch was die berufliche Sicherheit betrifft. Wie also schafft es Mahlodji, sein Arbeits- und Privatleben miteinander in Einklang zu bringen? „Mithilfe von Psychologen habe ich herausgefunden, dass es im Leben gar keine Work-Life-Balance gibt. Dass das Leben aus Wellen besteht und dass es manchmal rauf und dann wieder runter geht. Wenn ich versuche, die Dinge zu trennen, habe ich ja immer ein schlechtes Gewissen, und irgendjemand zahlt drauf. Also habe ich beschlossen, alles zu einem zu machen." Ich schaue Mahlodji mit großen Augen an. Einerseits, weil ich nicht ganz verstehe, was er damit sagen will, und andererseits, weil ich mir manche seiner Sätze am liebsten einrahmen und an die Wand hängen möchte, wie etwa: „Vatersein ist die Weiterentwicklung meiner Karriere." Mahlodji, der

Vatersein ist die Weiterentwicklung meiner Karriere.

aufgrund seiner Erfahrungen als Flüchtlingskind wahrscheinlich gelernt hat, in Gesichtern zu lesen, erklärt, was er damit meint: „Letzte Woche hatte ich zum Beispiel ein Interview. Und weil ich an dem Tag für meine Tochter verantwortlich war, habe ich sie einfach mitgenommen. Mein Bruder war sicherheitshalber auch dabei, für den Fall, dass die Kleine quengelt. Aber es war alles überhaupt kein Problem."

Ich beneide Mahlodji gerade sehr um seine Lockerheit, denn Tatsache ist: Kinderbetreuung in Österreich ist weitestgehend Frauensache.[19] Die Arbeitssituation von Männern wird durch Nachkommen kaum beeinflusst, und wenn doch mal alle Stricke reißen und der Papa die Kleinen zur Arbeit mitnimmt, bekommt er dafür Lob und Anerkennung.[20] Frauen hingegen wird dann schlechte Organisation unterstellt. Und je tiefer die soziale Schicht, desto schwieriger wird es. Denn eine Verkäuferin oder Putzfrau braucht nicht einmal darüber nachzudenken, ob es jemand gut finden könnte, dass sie ihr Kind zur Arbeit mitnimmt. Es ist schlichtweg unmöglich. Zwischen meinen Augenbrauen bildet sich eine dicke Zornesfalte. Ich spüre, wie sich Sätze wie „In deiner Situation lässt es sich halt leicht reden" und „Du bist ja voll privilegiert" in mir bilden, und presse erschrocken meine Lippen aufeinander, damit sie nicht herauspurzeln. Denn ich kenne Mahlodjis Geschichte und weiß, dass er es in seinem Leben alles andere als leicht hatte. Privilegien jeglicher Art hat er sich hart erarbeitet. „Für diese Freiheiten muss ich aber auch einen Preis bezahlen", sagt er ohne jeglichen Hauch von Selbstmitleid. „Denn als Selbständiger kriegst du ja eher kein Arbeitslosengeld oder Ähnliches. Als zu Beginn der Corona-Pandemie 70 Prozent meines Jahreseinkommens gecancelt worden sind, war das erstmal ein Schock. Aber zum Glück bin ich aufgrund meiner

Biografie so gestrickt, dass ich immer Reserven und Erspartes habe."

Dass Mahlodji ein guter Redner ist, wusste ich schon vor unserer Begegnung. Immerhin steht es in seinem Lebenslauf. Dass er aber in seiner ganzen Art, die zwischen professioneller Ernsthaftigkeit und kindlicher Begeisterung wechselt, so einnehmend ist, beeindruckt mich. Gebannt höre ich zu, wie er von der Flucht seiner Familie aus dem Iran erzählt. Seine Eltern, erfolgreiche Manager, mussten in Österreich wieder ganz von vorne anfangen. Entbehrungen, Armut und Kleiderspenden von karitativen Organisationen prägten den Alltag. Von weißen Sneakers, die heute sein Markenzeichen sind, konnte Mahlodji damals nur träumen. „Ich habe relativ früh erlebt, wie das ist, wenn man alles, was man hat, verliert. Das hat mich sehr geprägt und selbstsicher gemacht. Das heißt, ich bin mir sicher, dass die Dinge, die ich tue, die richtigen sind." Ich kenne kaum einen Mann, der sein Selbstbewusstsein so vor sich herträgt und gleichzeitig so weit davon entfernt ist, ein Macho zu sein. Wie kommt das? Geboren wurde Mahlodji so jedenfalls nicht. „Vor zehn Jahren habe ich noch geglaubt, dass man als Mann ein dickes Auto haben und Millionen verwalten muss. Und dass man am besten immer grimmig dreinschaut, so wie die Typen, die am Cover diverser Magazine als ‚Mann des Jahres' präsentiert werden." Diesem „Mann des Jahres"-Image wollte Mahlodji in jungen Jahren unbedingt entsprechen. Vielleicht auch, weil konkrete Vorbilder fehlten. Sein Vater, der durch die Flucht traumatisiert wurde, litt an Schizophrenie. Als Mahlodji zwölf war, ließen sich die Eltern scheiden, er und sein Bruder wuchsen bei der Mutter auf. Also mussten der „Marlboro-Mann" und andere männliche Stereotype als Rolemodels herhalten. Mahlodji brach die Schule ab, putzte bei McDonald's und schuftete am Bau, holte dann aber die Matura nach und schloss in Rekordzeit ein wirtschaftswissenschaftliches Studium ab. Schließlich wurde er erfolgreicher IT-Berater und Projektleiter bei einer Werbeagentur. „Nach außen hin hatte ich alles geschafft. Ich habe schwarze Anzüge getragen, eine rote Krawatte und hatte die Haare aufgestellt. Ich habe 15 Jahre älter ausgesehen als jetzt."

Bei der Erinnerung an sein früheres Ich lacht Mahlodji und fährt mit der Hand reflexartig über seine Glatze. Fast so, als wollte er sichergehen, dass er mit dem Bild von einst nichts mehr zu tun hat. Die Ärmel seines weißen Leinenhemdes sind hochgekrempelt, auf seinem linken Arm steht tätowiert: „Smile, you are born to Love [sic!] what you do." Zu diesem Leitspruch ist der Unternehmer erst gekommen, als ihn ein Burnout auf seinem klassisch männlichen Erfolgsweg gestoppt hat. „Dieses Männerbild, das wir haben – der Mann ist der Macher, immer stark und durch nichts aus der Ruhe zu bringen –, ist Schwachsinn." Als Mahlodjis Vater völlig überraschend starb, fiel das Leben des erfolgreichen Geschäftsmannes wie ein Kartenhaus zusammen. „Ich bin im Krankenhaus gestanden und konnte es nicht fassen. Mein Vater war 53 Jahre alt. Meine ganze Sichtweise auf die Welt, auf Erfolg und das Mannsein, hat von einem auf den anderen Tag keinen Sinn mehr ergeben. Plötzlich habe ich einen Druck auf meiner Brust gespürt und alles war nur noch Stress." Über psychische Probleme zu reden, bereitet Mahlodji, der unzählige Therapiestunden hinter sich hat, aber keinen Stress mehr.[21] Obwohl psychische Erkrankungen mittlerweile in der Mainstream-Berichterstattung angekommen sind und

Dieses Männerbild, das wir haben, ist Schwachsinn.

Männer genauso davon betroffen sind wie Frauen, tun sich die meisten immer noch schwer, darüber zu sprechen. Neutrale Begriffe wie Coaching und Burnout werden oft vorgeschoben, anstatt die Dinge beim Namen zu nennen. Fast so, als könnte man sein Ansehen und seine Männlichkeit verlieren, wenn man mal Schwäche zeigt. „Meine Kollegen haben damals, als ich schon über einen Monat im Krankenstand war, zu mir gesagt: ,Reiß dich zusammen, Ali. Flenn' hier nicht rum!' Männer schlucken lieber Tabletten, damit sie weiter funktionieren. Aber ich wollte das nicht und bin eigentlich dankbar, dass ich meinen Burnout schon so früh hatte. Denn so habe ich zu meiner Verletzlichkeit gefunden, die heute meine größte Stärke ist."[22] Verletzlichkeit ist ein Begriff, den die wenigsten Männer freiwillig mit sich selbst in Verbindung bringen. Denn Männer sind stark, immer patent und höchstens mal durch einen Fausthieb in die Knie zu zwingen. Mahlodji hingegen hat für sich erkannt, dass ihn das gängige Männerbild krank gemacht hat. Darüber spricht er auch in seinem Buch „Entdecke dein Wofür" und auf seinen Social-Media-Kanälen. Außerdem nutzt er diese Plattformen, um seine Rolle als Vater zu thematisieren. Er postet Fotos, auf denen er mit seiner kleinen Tochter Türme aus Bauklötzen baut, sie im Kinderwagen spazieren führt und mit ihr kuschelt. Und er weist in seiner automatischen E-Mail-Abwesenheitsnotiz, die auch ich nach meiner Interviewanfrage zunächst bekommen habe, darauf hin. „Liebe Wegbegleiter, liebe Freunde. Meine Frau und ich haben beschlossen, dass unsere Tochter in einem Haushalt aufwachsen soll, in dem sowohl Vater als auch Mutter sich um das Kind kümmern, [...] Heute bin ich dran, und da ich ganz für meine Tochter da sein will, werde ich keine E-Mails beantworten." Als ich das gelesen habe, war ich erstmal gehörig irritiert. Warum muss ein Mann sein Vatersein so in die Auslage stellen? Tut er, indem er explizit darauf hinweist, dass auch er sich um sein Kind kümmert, nicht erst recht so, als wäre es etwas Besonderes? „Solange es nicht normal ist, dass Väter sich um ihre Kinder kümmern, muss man darüber reden – nicht für sich selbst, sondern für die jungen Burschen, die irgendwann auch Väter werden und dadurch sehen, dass es auch anders geht. Ich bin überzeugt davon, dass man einen gesellschaftlichen Change nur durch Vorbildwirkung erreicht." Mahlodji erzählt, dass er mit einigen Bekannten eine WhatsApp-Gruppe mit dem Titel „Superdads" hat, in der sich Väter über ihren Alltag austauschen. Noch bevor ich nachfragen kann, warum es diese Überhöhung braucht, sagt er entschuldigend: „Ich weiß, das ist wieder typisch Mann. Aber alles geht halt nicht von heute auf morgen." Zum Glück verlangt das auch niemand, und das Bewusstsein für Stereotype ist Anfang genug. Der nach engen Ganzkörperanzügen und schillernden Umhängen klingende Begriff tut außerdem niemandem weh.

Meine Frau und ich wollen wirklich 50:50 machen.

Was machen Superdads eigentlich so im Alltag, will ich von Mahlodji wissen. Wie sieht das mit der Gleichberechtigung konkret aus? „Meine Frau und ich wollen wirklich 50:50 machen. D.h. es gibt Aufgaben zu erledigen, und wer gerade da ist, erledigt sie. Wir teilen das nicht nach Geschlechterrollen auf. Ich räume genauso den Geschirrspüler ein und meine Frau repariert die Dusche, wenn sie kaputt ist. Aber damit das klappt, müssen wir alle paar Tage vor dem Kalender sitzen und Termine rumschieben und organisieren. Das ist richtig viel Arbeit." Wie bei einer guten Hip-Hop-Nummer nicke ich mehrmals hintereinander mit dem Kopf. Denn was Mahlodji da beschreibt, kenne ich aus eigener Erfahrung. 50:50 klingt in der Theorie wunderbar, gestaltet sich aber nicht immer so einfach – selbst dann nicht, wenn Männer davon überzeugt sind, dass sie einen gleichberechtigten Beitrag in der Haus- und Betreuungsarbeit leisten sollten. Hübsch gelayoutete Putzplan-Apps und schlaue Ratgeber über „Mental Load" helfen da meistens auch nichts. Gleichberechtigung im Privaten ist ein ständiges Abwägen und Verhandeln, und es ist verdammt anstrengend. Vielleicht ist es auch deshalb so anstrengend, weil wir erwarten, dass in einer modernen Beziehung jeder für alles gleichermaßen zuständig ist. Die Frage ist nur, ob das wirklich immer möglich ist, und ob ein krampfhaftes Durchboxen von 50:50 immer sinnvoll ist.

„Welche automatische E-Mail-Antwort hat eigentlich deine Frau?", will ich von Mahlodji wissen, weil es mich interessiert, ob Anna Mahlodji ihre Mutterschaft im beruflichen Umfeld auch so offen vor sich herträgt wie er. Zum ersten Mal in unserem Gespräch gerät der Unternehmer jetzt ins Stocken und schenkt sich erstmal einen Tee ein. Während er schon zigfach gefragt wurde, was einmal auf seinem Grabstein stehen soll oder welche Welt er erschaffen würde, wenn er einen Zauberstab hätte, scheint diese Frage für ihn komplett neu zu sein. Er denkt kurz nach und weicht dann ein wenig aus, indem er über das angenehme Arbeitsklima in der Firma seiner Frau spricht. „Ich glaube, meine Frau hat gar keine automatische Abwesenheitsnotiz. Sie arbeitet in einem kleinen Start-up, wo alle mehr oder weniger an einem Tisch sitzen. Wenn sie nicht da ist, leitet sie ihre Mails einfach an ihr Team weiter, denke ich." Dass Mahlodji mit seiner Frau noch nie über dieses Thema gesprochen hat, verwundert mich. Und deshalb bin ich es jetzt, deren Gedanken ins Stocken geraten, sodass ich völlig vergesse nachzuhaken. Es wäre interessant gewesen herauszufinden, warum er seine Frau nicht gefragt hat, welche E-Mail-Abwesenheitsnachricht sie eingestellt hat, und warum er sie nicht sogar dazu ermutigt hat, es ihm gleichzutun. Vermutlich liegt es daran, dass eine Frau, die im beruflichen Kontext ihre Kinder erwähnt, eher kritische Blicke statt Applaus erntet. Und vielleicht liegt es auch an Mahlodjis generellem Zugang zu Gleichberechtigung. In seiner Welt brauchen Frauen nämlich keine Hilfe im paternalistischen Sinn, und deshalb will er ihnen auch nicht sagen, was sie tun sollen. Er setzt konkret bei den Männern an und versucht Dinge in seiner eigenen Lebensrealität zu verändern.

„Warum engagieren sich nicht viel mehr Männer in der Familienarbeit und fordern auch vonseiten der Politik mehr Möglichkeiten, ihre Rolle als Vater besser leben zu können?", will ich zum Schluss noch wissen. „Die Antwort wird vielen nicht gefallen, aber Männer sind oft sehr bequem. Wenn du dir bei deinem Kind

Männer sind oft sehr bequem.

die schönsten Seiten herausholen kannst, das Kuscheln und Spielen, ist das doch herrlich. Du kannst allen zeigen, was für ein toller Papa du bist, aber wenn es anstrengend wird – beim Abstillen in der Nacht, beim Windelnwechseln und Breikochen –, übergibst du wieder an deine Frau." Mag sein, dass diese Antwort vielen nicht gefällt. Ich finde sie großartig und bin der Meinung, dass Männer sich gegenseitig in Bezug auf die Haus- und Care-Arbeit viel mehr kritisieren und fordern müssten. Denn bei der Kritik von Frauen verdrehen die meisten leider nur die Augen. Es wird Zeit, dass Männer ehrlicher zu sich selbst sind und genau hinschauen, warum das System Familie bei ihnen so gut funktioniert. Vielleicht weil es eine Frau gibt, die sich zu Hause um alles kümmert und alles schupft? Selbst dann, wenn sie voll berufstätig ist? Was heißt faire Aufgabenverteilung eigentlich, und wie kann man sich in einer Partnerschaft am besten unterstützen? Darüber sollte man viel mehr diskutieren. In den eigenen vier Wänden und gerne auch öffentlich – aber bitte nicht wieder nur in Frauenzeitschriften.

Solange Ali Mahlodji weiterhin so deutlich aufzeigt, dass gleichberechtigte Elternschaft wichtig und möglich ist und damit anderen Männern ein Vorbild ist, kann er sich gerne weiterhin auf diversen Bühnen breitmachen und über Feminismus sprechen. Damit macht er Frauen nämlich nicht den Platz streitig, sondern macht sie zu seinen Verbündeten. Und genau solche Männer braucht es, damit das Patriarchat zerschlagen werden kann und Gleichberechtigung in Zukunft ein Normalzustand ist. Denn ich kann es nur immer und immer wieder sagen: Eine gleichberechtigte Welt kann nur funktionieren, wenn beide Geschlechter sich dafür einsetzen und verstehen, dass sie in jedem Fall davon profitieren.

Silvia Schneider

MODERATORIN, UNTERNEHMERIN

Ich erlebe oft, dass Frauenmagazine sich mit Artikeln über „Powerfrauen", „starke Frauen" oder „Businessladys" brüsten, um dann trotzdem immer wieder die gleichen Fragen zu stellen: „Wollen Sie Familie?", „Mit wem sind Sie zusammen?", „Wann bekommen Sie Kinder?" Diese Zweigleisigkeit finde ich befremdlich, und außerdem geht mein Uterus ja niemanden etwas an.

Menerva Hammad

JOURNALISTIN, AUTORIN, BLOGGERINN

„Hat Ihnen Ihr Mann befohlen, das anzuziehen?" oder „Ist Ihnen im Sommer damit nicht zu heiß?", sind immer wieder Fragen, die ich als muslimische Frau gestellt bekomme. Wie Frauen in einer Gesellschaft gesehen werden, hängt davon ab, ob sie einen Hijab tragen oder nicht, Kinder haben oder nicht, verheiratet sind oder nicht etc. Über Frauen wird ständig geurteilt und im Grunde können sie es nie richtig machen. Warum reicht es nicht einfach, Frau bzw. Mensch zu sein?

Mirjam Unger

REGISSEURIN

Ich werde oft gefragt, wie ich mich als Frau in der Filmbranche fühle, ob ich als Frau meinen Platz in der Filmszene gefunden habe und ob es schwer war, mich als Regisseurin zu etablieren etc. Nach über 20 Jahren in diesem Job antworte ich immer noch geduldig auf all diese Fragen. Denn ich möchte vermitteln, dass es für mich immer normal war, Regisseurin zu werden. Dass ich mich nie gefragt habe, ob ich das darf oder kann. Ich habe zu Beginn nicht einmal wahrgenommen, dass es eine Männerdomäne ist. Der Beruf hat mich einfach interessiert. Punkt.

AM ROTEN TEPPICH

Herbert Prohaska trägt bei unserem Treffen ein blitzblaues Poloshirt, blaue Jeans und farblich dazu passende Mokassins.

MEIN BEAUTY-GEHEIMNIS
... ich habe keines. Natürlich habe ich ein Eau de Toilette, aber ansonsten verwende ich nur Wasser.

SPORT
... mache ich kaum mehr, weil meine Hüften durch meine Karriere sehr in Mitleidenschaft gezogen wurden.

MODE
... war während meiner Zeit in Mailand ein großes Thema für mich. Aber heute ist mir das nicht mehr so wichtig.

ANGST VOR DER JÜNGEREN KONKURRENZ
... habe ich nicht, weil ich denke, dass meine Tätigkeit als Fußball-Analytiker keinem Alterslimit unterliegt.

DIE VEREINBARKEIT VON KINDERN UND KARRIERE
... haben meine Frau und ich so gelöst, dass ich mich auf die Karriere konzentriert habe und sie sich auf die Kinder.

HERBERT PROHASKA

Kein Joker,
Preis: Schokolade

HERBERT PROHASKA

Wenn ich an Fußballer denke, fällt mir der Begriff „Gentlemen" nicht unbedingt als Erstes ein. Wohl eher „raue Burschen" und, nachdem es leider immer wieder entsprechende Vorfälle gegeben hat, vielleicht auch noch „Sexist".[23]
Herbert Prohaska habe ich trotzdem immer als Gentleman wahrgenommen. Und das hat jetzt nichts mit seinen zahlreichen Auftritten in der Chips-Werbung[24] oder Ähnlichem zu tun, sondern mit unserer ersten Begegnung 2015 in der ORF-Sportredaktion. Ich hatte dort gerade neu zu arbeiten begonnen und war mit der Situation ein wenig überfordert. Neue Kolleg*innen, neue Themen, neue Strukturen. Während ich also gerade dabei war, mir die Namen einiger französischer Skifahrer einzuprägen, kam Fußball-Ikone Prohaska bei der Tür herein, grüßte freundlich und schüttelte jedem die Hand. Das macht einen jetzt noch nicht unbedingt zum Gentleman, aber ein wenig später hat er mir dann auch noch die Tür aufgehalten. Und genau das macht er auch heute, als wir uns zum „Frauenfragen"-Gespräch in meinem Podcast-Büro treffen. Zum Einstieg frage ich den 65-Jährigen also gleich einmal, ob er sich selbst auch als Gentleman bezeichnet. „Na ja, ich bin so erzogen worden, dass man, wenn man wo reinkommt, zumindest grüßt", sagt Prohaska, der seit über 20 Jahren als Fußball-Chefexperte im ORF-Fernsehen tätig ist.

„Findet denn deine Frau, dass du ein Gentleman bist?", frage ich, da alles, was sich von diesem Begriff ableiten lässt, ja unmittelbar seine Frau betrifft. „Ich glaube schon. Wenn wir irgendwohin gehen, mache ich ihr die Tür auf und lasse sie vor mir eintreten, ich lasse sie auch vor mir in einen Aufzug einsteigen. Am Valentinstag kriegt sie Blumen, genauso wie zum Geburtstag und zum Hochzeitstag." So schlecht dürfte Prohaska seine Sache nicht machen, immerhin ist er mit seiner Frau Elisabeth seit 46 Jahren verheiratet. Was einen Gentleman nun tatsächlich ausmacht, darüber lässt sich wohl streiten. Befragt man das Internet, merkt man, dass sich anscheinend viele Menschen Gedanken darüber machen. Ein Online-Jugendmagazin fragt etwa „Mädchen, dürfen wir noch Gentlemen sein?"[25] und ein Journalist der „Süddeutschen Zeitung"[26] mutmaßt, dass der Gentleman schon immer Spuren eines Feministen enthielt. Ob das auf Herbert Prohaska auch zutrifft, werde ich vielleicht im Lauf des Gesprächs noch erfahren.

Bevor ich ihn in klassischer „Frauenfragen"-Manier auf meinen imaginären „roten Teppich" mitnehme, frage ich ihn noch, ob er eigentlich weiß, was ihn heute hier erwartet. „Nein, ich habe keine Idee, was Frauen fragen, aber ich freue mich natürlich auf diese Fragen, weil ich, und das ist jetzt kein Klischee, Frauen wirklich sehr, sehr mag." Ich lege meine Stirn in Falten und lächle gleichzeitig, weil ich diese Antwort nicht ganz einordnen kann. Hat mich Prohaska in unserem Vorgespräch missverstanden und denkt, dass ich ihm hier Fragen stelle, die sich irgendwelche Frauen ausgedacht haben? Vielleicht glaubt er, es ist ähnlich wie bei der „women only"-Veranstaltung, die 2006 im Rahmen der Fußball-Weltmeisterschaft stattgefunden hat, bei der ihm Frauen Fragen rund um den Fußball stellen konnten. Die Abseitsregel wird er mir heute jedenfalls nicht erklären müssen. Ich erläutere dem ehemaligen Fußballstar die Spielregeln unseres Gesprächs. Beim Stichwort „Preis", den jeder Interviewgast bekommt, der keinen Joker einsetzt, sagt er belustigt: „Das klingt gut. Dann beantworte ich alles."

Große Preise ist Prohaska aus der Zeit seiner Karriere als Fußballprofi ja gewohnt. Mit der Wiener Austria wurde er immerhin sieben Mal Österreichischer Meister. Als er 1980 nach Italien zu Inter Mailand wechselte, gewann er den italienischen Cup, und auch mit der AS Roma, bei der er danach kurz spielte, holte er den Sieg der italienischen Meisterschaft. 2004 wurde er außerdem zu „Österreichs Fußballer des Jahrhunderts" gewählt. Ich denke an die bescheidenen „Frauenfragen"-Preise in meiner Tasche – eine Handcreme, ein Damen-Rasierer und Schokolade – und bin gespannt, ob sie Prohaskas Erwartungen erfüllen werden.

Wie immer beginne ich mit ganz klischeehaften Fragen rund ums Aussehen und will von meinem 65-jährigen Gast wissen, ob er sich nicht langsam zu alt fürs Fernsehen fühlt. „Nein, ich glaube, dass meine Tätigkeit als Fußball-Analytiker keinem Alterslimit unterliegt. Das kann ich also bestimmt noch ein paar Jährchen machen. Aber sollten sich vermehrt Menschen beim ORF über mein Alter beschweren, würde ich daraus schon Konsequenzen ziehen." Dass sich das Publikum über Prohaskas Alter beschwert, wird ziemlich sicher nicht passieren. Denn eine deutsche Studie aus dem Jahr 2017[27] kommt zu dem Schluss, dass Männer im Fernsehen durchaus altern dürfen, während Frauen bereits ab 30 Jahren nach und

> *Ich glaube, dass meine Tätigkeit als Fußball-Analytiker keinem Alterslimit unterliegt.*

nach ausgesiebt werden. Ab Mitte 30 kommen auf eine Frau zwei Männer, ab 50 Jahren kommen auf eine Frau drei Männer. Noch ältere Frauen spielen im Fernsehen so gut wie gar keine Rolle mehr, und wenn, dann nur noch als Oma oder verlassene Ehefrau.

Über verlassene Ehefrauen sprechen Prohaska und ich übrigens auch. Und zwar, als wir seine Familiensituation anschneiden und ich bewundernd anmerke, dass es sehr ungewöhnlich ist, fast 50 Jahre verheiratet zu sein. Immerhin werden vier von zehn Ehen in Österreich wieder geschieden, die durchschnittliche Ehedauer liegt bei etwa zehn Jahren.[28] „Ja, auch meine Frau und ich wundern uns oft", meint Prohaska. „Denn als wir uns mit 16 Jahren kennengelernt haben, war ich noch Spieler bei Ostbahn XI.[29] Man konnte also nicht absehen, was aus mir wird, was aus uns wird. Aber für mich war immer klar: Die Familie ist die Nummer Eins und der Fußball die Nummer Zwei. Wenn meine Frau sehr darunter gelitten hätte, dass ich so wenig zu Hause bin, hätte ich mit dem Profi-Fußball auch aufgehört."

„Wirklich?", frage ich doch etwas ungläubig. Denn Prohaska stammt aus sehr bescheidenen Verhältnissen und ist mit seinen Eltern und dem Großvater in einer Zwei-Zimmer-Wohnung ohne Warmwasser aufgewachsen. „Wir hatten zu essen, zu trinken und meistens genug zum Anziehen, aber sonst nichts." Nach der Pflichtschule machte er eine Lehre zum Automechaniker, arbeitete aber nur ein paar Jahre in diesem Beruf, da ihn die Wiener Austria bald darauf verpflichtete. Während das durchschnittliche Monatseinkommen eines Österreichers derzeit bei etwas mehr als 2000 Euro liegt, verdienen Fußballer in der höchsten österreichischen Liga rund 8000 Euro[30], als Legionäre im Ausland noch um einiges mehr. Am Höhepunkt von Prohaskas Karriere hat das zahlenmäßig wahrscheinlich noch etwas anders ausgesehen, aber fix ist: Als Automechaniker hätte er wesentlich weniger verdient denn als Profi-Fußballer. Wäre er auf Wunsch seiner Frau tatsächlich in seinen Brotjob zurückgekehrt? „Ja, es nützt ja nichts, dass wir uns viel leisten können, wenn wir dabei unglücklich sind. Aber diese Frage hat sich nie gestellt. Denn meine Frau hat immer gesagt, ich gehe mit dir überall hin. Und zu wissen, dass die Familie hinter mir steht, war für mich immer das Allerwichtigste."

Schon nach kürzester Zeit wird mir klar, dass Prohaska ein Familienmensch ist, der Entscheidungen vor allem im Einklang mit seiner Frau treffen möchte. Vielleicht ist das ja auch das Geheimnis seiner lang andauernden Ehe. Nach der Geburt der ersten Tochter in den 1980er-Jahren gab Elisabeth Prohaska ihren Job in einem Büro auf und kümmerte sich fortan vorrangig um das Familienleben. Diese klassische Rollenaufteilung behielt das Ehepaar auch bei, als die Kinder bereits aus dem Haus waren. „Man muss aber eines ganz klar sagen: Ich habe nie eine Frau gesucht, von der ich erwartet habe, dass sie zu Hause in der Küche bleibt, die Wäsche macht usw. und ich als Mann bringe das Geld nach Hause. Ich glaube jedoch, dass meine Frau sehr gerne zu arbeiten aufgehört hat, weil das, was sie gemacht hat, zwar in Ordnung war, sie damit aber keine Karriere gemacht hätte."

Dass vor allem Frauen ihren Beruf, zumindest teilweise, aufgeben, sobald ein Kind kommt, ist in Österreich nach wie vor weit verbreitet. Die Gründe dafür liegen auf der Hand: Einerseits, weil es gesellschaftlich immer noch erwartet wird, dass sich Frauen um Kinder kümmern, und andererseits, weil Frauen vorrangig in Berufen tätig sind, die schlechter bezahlt sind. Der Gender-Pay-Gap liegt hierzulande derzeit bei etwa 19,9 Prozent und damit deutlich über dem Durchschnitt der EU-27.[31] Eine Familie, die gerade ein Haus baut oder einen Kredit abzuzahlen hat, wird also eher auf das geringere Gehalt verzichten, vor allem dann, wenn sie ohnehin nur gerade so über die Runden kommt. Insofern ist das mit dem freiwilligen Verzicht der Frauen auf Selbstentfaltung im Job so eine Sache. Bei gut verdienenden Paaren schaut die Situation, meiner Meinung nach, aber etwas anders aus. Denn wer auf einen neuen Carport oder den nächsten Cluburlaub sparen kann, könnte das doch auch auf die Karenz des Mannes. Mit Argumenten wie „Angst vor einem Karriere- oder Geldverlust" wird aber auch da oft begründet, warum der Mann leider nicht aus dem Job aussteigen kann – nicht einmal für ein paar Monate. Doch warum ist das finanzielle Argument eigentlich immer stärker als der Wunsch von Vätern, auch intensiver Zeit mit ihrem Baby verbringen zu können?

Viel Zeit mit seinen zwei Töchtern, die mittlerweile erwachsen sind und selbst Kinder haben, hat Herbert Prohaska eher nicht gehabt. Von so etwas wie Väterkarenz oder Ähnlichem war vor 40 Jahren auch noch gar nicht die Rede. Als der ehemalige Fußballprofi Anfang der 1980er-Jahre bei Inter Mailand zu spielen begann, war seine erste Tochter gerade einmal ein Jahr alt. „Ich war kaum zu Hause und meine Frau war in einem fremden Land, wo sie niemanden kannte. Mir war klar, dass das auf Dauer nicht gut gehen kann, und deshalb haben wir die Idee geboren, dass meine Schwiegermutter zu uns zieht. Das Angebot war, dass sie bleiben kann, solange sie will, und sie will immer noch",

Ich habe nie eine Frau gesucht, von der ich erwartet habe, dass sie zu Hause in der Küche bleibt.

erzählt er. Ein afrikanisches Sprichwort besagt ja, dass es ein ganzes Dorf braucht, um ein Kind zu erziehen. Nun, in unseren Breitengraden besteht das „Dorf", speziell in städtischen Gebieten, meist nur aus zwei Personen, die sich in den ersten drei Jahren um ein Kind kümmern. Wenn der Vater, wie im Fall von Prohaska, dann aus beruflichen Gründen auch noch wegfällt, lastet die gesamte Arbeit und Verantwortung auf den Schultern der Frau. Insofern ist es für mich sehr nachvollziehbar, dass Prohaskas Schwiegermutter als Unterstützung dazugeholt wurde. „Ich habe nie das Gefühl gehabt, dass ich als Vater besonders viel geleistet habe", erzählt Prohaska weiter. „Die Erziehung und alles, was dazugehört, ist zu einem Großteil von meiner Frau und meiner Schwiegermutter ausgegangen, und dafür war ich auch immer dankbar. Denn ich hatte ja die leichte Aufgabe und durfte immer der gute, liebe Papa sein." Das sei aber schon gemein, merke ich an, und Prohaska pflichtet mir, ohne zu zögern, bei. „Natürlich ist das gemein. Aber es hätte einfach gar nicht gepasst, dass ich, wenn ich mal zu Hause bin, mit den Kindern schimpfe oder besonders streng bin."

Das leuchtet mir schon ein, aber gleichzeitig hört es sich für mich auch ein bisschen nach „Rosinen herauspicken" an. Denn während Männer, wie Prohaska, in der Öffentlichkeit für ihre Arbeit gefeiert und obendrein auch noch gut bezahlt werden, bekommen Hausfrauen nichts dergleichen. Ein amerikanischer Blogger hat vor ein paar Jahren einmal ausgerechnet, was er seiner Frau zahlen müsste, wenn er alle von ihr verrichteten Tätigkeiten auslagern würde – kochen, putzen, einkaufen, Kinder betreuen etc. –, und ist dabei auf 4700 Euro im Monat gekommen. Sein Resümee: „Eine Vollzeit-Hausfrau ist unbezahlbar."[32] Ich erzähle Prohaska, dass ich ein großes Problem damit habe, dass Hausfrauen in unserer Gesellschaft so ein geringes

Ansehen haben und dass noch immer kein Weg gefunden wurde, diesen Knochenjob zu entlohnen. Wieder nickt der ehemalige Fußballstar und sagt: „Stimmt. Eigentlich sollte es genau umgekehrt sein. Ich bekomme für meine Arbeit ja Geld, und der Applaus ist natürlich etwas Großartiges. Aber wenn der nicht käme, wäre ich auch sehr zufrieden. Meine Frau hingegen kriegt gar nichts, außer Applaus von mir. Aber der wird nicht reichen." Nein, denn von Applaus wird man weder satt noch kann man sich davon ein paar erholsame Stunden im Spa-Bereich einer Therme finanzieren, wie das Beklatschen der Pflegekräfte und anderer in systemrelevanten Berufen Tätiger zu Beginn der Corona-Pandemie gezeigt hat. Diese Berufe, die zu einem Großteil von Frauen ausgeübt werden[33], wurden seither übrigens auch nicht aufgewertet, und statt zu klatschen, ruft man im Supermarkt jetzt wieder genervt: „Zweite Kassa, bitte!" „Natürlich ist das ungerecht," meint Prohaska weiter. „Und deswegen kann ich sagen, dass ich die Frauen auch so gerne habe, weil sie viel mehr Opfer bringen als wir Männer. Davon bin ich überzeugt."

Während ich Prohaska so zuhöre, wie er äußerst wohlwollend über den Einsatz seiner Frau für die Familie spricht, beginnt es in mir drinnen zu brodeln. Das Argument, dass es quasi in der Natur von Frauen liege, sich für andere aufzuopfern, habe ich nämlich schon viel zu oft gehört. Vorrangig von Männern. Und es ist eines, auf das ich mittlerweile äußerst allergisch reagiere. Wie nach einem Bienenstich bekomme ich Beklemmungsgefühle in der Brust und eine leichte Schnappatmung.

Anstatt jedoch meinen aufgestauten Frust bei Prohaska, der bisher jede meiner Fragen offen und ehrlich beantwortet hat, abzuladen, versuche ich, weiter im Gespräch und auf Augenhöhe zu bleiben. „Könntet ihr Männer euch nicht auch einfach ein bisschen mehr anstrengen, anstatt zu sagen, Frauen machen die ganze Arbeit zu Hause eh gern? Ist das nicht auch ein bisschen Faulheit?", frage ich den 65-Jährigen.

„Das war jetzt ein Wort, das es zu 100 Prozent trifft – Faulheit!", ruft Prohaska aus. „Ich bin vom Wesen her ein wirklich fauler Mensch, dem das Talent des Fußballers in die Wiege gelegt worden ist." Gespannt höre ich dem Ex-Fußballprofi zu, weil ich mit so viel Einsicht nicht gerechnet hätte. Gleichzeitig frage ich mich, wo er mit seiner Antwort wohl hinwill. „Wenn ich der talentierteste Sportler in einer Einzelsportart gewesen wäre, wäre ich trotzdem nie weitergekommen. Denn mich alleine zu schinden und alleine zu trainieren, wäre undenkbar gewesen. Als Mannschaftssportler kannst du nicht sagen, jetzt mag ich nicht mehr, während die anderen in deinem Team weiterlaufen." Komisch, dass man als Mann aber schon sagen kann, ich lege mich auf die Couch und ruhe mich ein bisschen aus, während die Frau zu Hause weiterarbeitet. Warum werden Paarbeziehungen nicht viel mehr als Team gesehen, in dem derselbe Spirit, wie in einer Fußballmannschaft, herrscht? Mit diesem Ansatz könnte man zumindest im Kleinen einiges verändern. Unweigerlich muss ich grinsen. Denn jetzt habe ich tatsächlich noch etwas Positives gefunden, das ich über den Fußball sagen kann.

Weil Prohaska meine vorherige Frage im Grunde nicht beantwortet hat, versuche ich es von einer anderen Seite und will wissen, ob er eigentlich das Gefühl hat, als Mann in unserer Gesellschaft privilegiert zu sein. „Nein. Nicht wirklich, weil ich denke, dass ich auch als Frau glücklich geworden wäre." „Als Frau wärst du vor 40 Jahren aber sicher nicht so erfolgreich geworden", merke ich an. „Das stimmt. Eine Karriere hätte ich als Frau im Fußball damals sicher nicht gemacht. Aber dass Männer prinzipiell privilegierter sind als Frauen, glaube ich nicht. Natürlich gibt es viele Berufe, in denen Männer mehr verdienen oder leichter weiterkommen. Mit der Intelligenz hat das aber nichts zu tun. Ich würde fast meinen, dass Frauen generell intelligenter sind als Männer. Deshalb habe ich meiner Frau, die mich immer wieder über gewisse Dinge aufklärt, auch den Spitznamen ‚Gscheiterl' gegeben." Prohaska lacht jetzt, und ich stutze. Angenommen, Frauen wären tatsächlich schlauer als Männer[34], müsste sich das dann nicht auch irgendwie positiv auf ihr Leben auswirken? Müssten sie dann nicht auch generell mehr auf ihre Kosten kommen – gesamtgesellschaftlich, partnerschaftlich und finanziell?

Mit Intelligenz ist man bisher jedenfalls auch noch nicht sehr weit gekommen, wenn es um die gleiche Bezahlung von Frauen im Sport geht.[35] „Hast du denn eine Idee, wie man diesen Lohnunterschied z.B. im Fußball beseitigen könnte?", will ich wissen, und Prohaska denkt jetzt lange nach. „Es hat sicher damit zu tun, dass man die Männer im Sport besser verkaufen kann. Und es gibt halt auch noch immer viele, die sagen, die Frauen sollen schon zufrieden sein mit dem, was sie bekommen, weil sie ohnehin nicht das Gleiche leisten wie die Männer. Aber das ist für mich der völlig falsche Ansatz." In Prohaskas Aussagen schwingt stets ein großer Gerechtigkeitssinn und ein humanistisches Menschenbild mit. Ganz nach dem Motto: Frauen und Männer sind unterschiedlich, sollen aber die gleichen Möglichkeiten im Leben haben. Trotzdem sagt er: „Die Frauen können jetzt natürlich protestieren und sagen, wir wollen genauso gut entlohnt werden, aber wenn die Sponsoren und die, die das Geld bereitstellen, sagen, es gibt nicht mehr, ist das zwar ungerecht, aber dann muss man es einfach akzeptieren."

„Das sehe ich nicht so", platzt es aus mir heraus. Denn wie kann man etwas akzeptieren, dass zutiefst ungerecht ist? Wieso werden Leistungen überhaupt miteinander verglichen, und was wird denn da gegenübergestellt? Die Art und Dauer des Trainings, der Kraftaufwand oder der durchschnittliche Kalorienverbrauch? Müssten dann nicht Altenpflegerinnen, die den ganzen Tag auf den Beinen sind und schwer heben, viel mehr verdienen als Manager, die im gut klimatisierten Büro in Meetings sitzen? Ich merke, dass mich die Diskussion rund um die Ungleichbehandlung der Geschlechter heute besonders anstrengt. Mit Prohaska hat das aber gar nicht so viel zu tun. Eher mit der Erkenntnis, was noch alles im Argen liegt. Dass geschlechtsspezifische Baustellen allgegenwärtig sind, völlig egal, welchen gesellschaftlichen Bereich man sich anschaut. Selbst bei so etwas Banalem wie der Übertragung eines Fußballspiels wird der immer noch tief verankerte Sexismus in unserer Gesellschaft deutlich. Als Anna Lallitsch, als erste Frau im ORF, bei der EURO 2020 ein Match auf internationaler Ebene kommentierte, kam prompt die Reaktion eines Journalisten, dass die hohe Stimmlage doch im Ohr weh tue.[36] Schon bei der Europameisterschaft 2016, als der ZDF mit Claudia Neumann die erste Frau als Live-Kommentatorin einsetzte, folgte ein Shitstorm sondergleichen, der bis heute anhält.

> Die Menschen sind es gewohnt, dass Fußball von Männern übertragen wird. Das ist absoluter Blödsinn.

Hassbotschaften, Beleidigungen und Sexismus sind Teil des Alltags vieler Frauen in klassischen Männerdomänen. Für manche Männer ist es anscheinend immer noch schwer zu ertragen, dass Frauen auch die letzten männlichen Bastionen erobern und sich dort genauso gut auskennen wie sie. Prohaska ist da wesentlich aufgeschlossener. Immerhin arbeitet er bereits seit vielen Jahren mit weiblichen Sportmoderatorinnen im ORF zusammen. „Die Menschen sind es gewohnt, dass Fußball von Männern übertragen wird. Das ist absoluter Blödsinn. Genauso wie die Annahme, dass Männer sich darin besser auskennen." Für eine Frauenquote unter Kommentatorinnen, Schiedsrichterinnen oder im Vorstand der Vereine ist der 65-Jährige aber trotzdem nicht. Wie viele argumentiert auch er, dass man einer Frau keinen Gefallen täte, wenn sie nur wegen der Quote einen Job bekäme, „in dem sie dann vielleicht überfordert ist". Dass es aber genügend mäßig qualifizierte Männer gibt, die vielleicht auch mit ihrer Arbeit überfordert sind, kümmert irgendwie niemanden. Warum genau sorgt man sich dann bei Frauen? Und wäre es, so gesehen, nicht nur allzu fair, auch mehr mittelmäßig qualifizierte Frauen einzustellen? Auf die Qualität der Arbeit hätte das insgesamt ja keinerlei Auswirkung. Denn Mittelmäßigkeit bleibt Mittelmäßigkeit, egal bei welchem Geschlecht.

„Die Männer haben sich halt beruflich eine eigene Männerwelt aufgebaut. Da muss sich auf jeden Fall etwas ändern", sagt Prohaska bestimmt. „Jeder, der meint, der Platz der Frau sei zu Hause, disqualifiziert sich von vornherein. Wenn ein Mann sich seinen Platz in der Gesellschaft suchen kann, dann muss dasselbe auch für die Frau gelten." Der ehemalige Fußball-Profi klingt mit dieser Aussage fast schon feministisch. Vor allem, wenn man bedenkt, aus welcher Generation er stammt. Dass Gleichberechtigung definitiv auch eine Altersfrage ist, wird mir in meinen „Frauenfragen"-Gesprächen immer mehr bewusst. Vielleicht würde sich Prohaska, wenn er jünger wäre, nicht nur für eine geschlechtergerechte Welt aussprechen, sondern sich sogar aktiv dafür einsetzen. Ich stelle es mir zumindest vor und würde es mir wünschen. Genauso wie ich mir wünschen würde, dass Frauen und Männer nicht mehr gegeneinander kämpfen müssen, wenn es etwa um die Angleichung der Löhne, Karrierechancen und gerecht verteilte Haus- und Care-Arbeit geht. Und auch nicht, wenn sie darüber reden. Obwohl Prohaska und ich die ganze Zeit über entspannt und respektvoll miteinander diskutiert haben, hat sich unser Gespräch für ihn, zumindest stellenweise, wie ein Kampf angefühlt. Vielleicht weil er es nicht gewohnt ist, über Themen nachzudenken, die ihn nicht unmittelbar betreffen. Oder weil er als ehemaliger Fußballer gar nicht anders kann, als in einem System des Gegeneinanders zu denken. Denn als ich ihn frage, wie es ihm mit meinen „Frauenfragen" gegangen ist, sagt er: „Ich habe gewusst, dass mir hier eine Gegnerin gegenübersitzt ..." Energisch unterbreche ich ihn und erkläre, dass es mir in diesen Interviews eben nicht um ein Gegeneinander, sondern um ein Miteinander geht. Dass ich das in Bezug auf die Gleichberechtigung für das oberste Gebot halte.

„Gut, wenn du sagst, es geht um ein Miteinander, dann muss ich sagen, dass die 46 Jahre, die ich mit meiner Frau schon verheiratet bin, durchaus für mich sprechen. Das Miteinander ist einfach wichtig. Und ich will mich jetzt bei den Frauen gar nicht einschmeicheln, aber ich habe sie einfach gern und bin froh, dass es sie gibt." Ich bin mir nicht sicher, ob Prohaska wirklich verstanden hat, worum es mir mit der Betonung auf eine gemeinsame Sache genau geht. Trotzdem muss ich schmunzeln. Denn unser Gespräch endet im Grunde ähnlich, wie es begonnen hat – mit Prohaskas Liebe zu den Frauen. Warum er diese so betont, weiß ich aber immer noch nicht. Vielleicht, weil das Gentlemen eben so machen – Frauen in den Mantel helfen, die Autotür aufhalten, Blumen schenken –, im Grunde alles Dinge, die Frauen schmeicheln und ihnen ein gutes Gefühl geben. Und wenn einer sagt, er mag Frauen gerne, schlägt das wohl in die gleiche Kerbe und ist ja nicht unbedingt etwas Schlechtes.

Kristina Inhof

SPORTJOURNALISTIN,
MODERATORIN

„Wie ist es als Frau in einer Männer- branche?" und „Hast du als Frau schon mal schlechte Erfahrungen mit einem Fußballer gemacht?" Diese Fragen werden mir als Sportjournalistin immer wieder gestellt. Aber warum soll mich ein Sportler, den ich interviewe, weniger respektieren als einen männlichen Kollegen? Ich bereite mich auf meinen Job ja genauso akribisch vor wie alle anderen.

Kathrin Zechner

ORF-PROGRAMMDIREKTORIN

Weil bei der Bezeichnung Quotenfrau Schwäche mitschwingt, war ich als junge Frau oft gegen Quoten. Aber ich habe die Erfahrung gemacht, dass uns dieses Gefühl von Männern angelernt wird. Daraus habe ich gelernt und werde nicht müde, es jeden Tag aufs Neue zu betonen, dass man nur in der gleichberechtigten Zusammenarbeit mit den männlichen Kollegen anhaltend erfolgreich sein kann. So habe ich es zu meiner Aufgabe gemacht, Frauen sichtbar zu machen. Aus diesem Grund hat der ORF beispielsweise in der Corona-Pandemie viele Virologinnen vor den Vorhang geholt.

Irene Fuhrmann

TEAMCHEFIN DER ÖSTERREICHISCHEN FRAUENFUSSBALL- NATIONALMANNSCHAFT

Fußball ist ja ein besonders männerdominierter Sport, und so ist es in Interviews regelmäßig Thema, dass ich als Frau in einer Führungsposition bin. Ich würde mir wünschen, in Zukunft an meiner Arbeit und meinen Leistungen gemessen zu werden bzw. hauptsächlich über meine Hauptaufgabe, also die sportlichen Schwerpunkte und Entwicklungen, sprechen zu dürfen.

AM ROTEN TEPPICH

Andreas Goldberger trägt bei unserem Treffen eine graue Trainingsjacke mit den Logos seiner Sponsoren drauf, schwarze Jeans und Sportschuhe.

MEIN BEAUTY-GEHEIMNIS
... Ich mache dafür eigentlich nichts Spezielles. Keine Cremen oder sowas.

JUNG AUSZUSEHEN
... war in meiner Jugend ein Problem. Heute bin ich froh darüber.

ALTERN IST FÜR MICH
... ein Problem, weil ich körperlich nicht mehr tun kann, was ich will. Das zu akzeptieren fällt mir wahnsinnig schwer.

IN MEINEM KÖRPER FÜHLE ICH MICH
... gerade sehr unwohl, weil ich Schmerzen habe.

MÄNNLICHKEIT
... definiert sich sicher nicht über Muskeln.

ANDREAS
GOLDBERGER

*Telefon-Joker,
kein Preis*

ANDREAS GOLDBERGER

Ganz ehrlich, wer hat nicht schon mal vom Fliegen geträumt? Trotzdem wäre ich nie auf die Idee gekommen, mir Skier an die Füße zu schnallen, um damit irgendwo runterzuspringen. Zum einen, weil ich Winter und Skifahren generell nicht so mag, zum anderen, weil Skispringen eine der Sportarten ist, die sich mir noch nie ganz erschlossen haben. Extrem dünne Menschen sausen eine Schanze hinunter, fliegen für einen extrem kurzen Augenblick durch die Luft und landen dann auf extrem hartem Schnee. Und das ist noch nicht einmal das Schlimmste. Sie schinden sich dafür auch noch in Kraftkammern, beim Konditionstraining und beim Erbsenzählen, sprich, beim Diätprogramm. Ich hingegen stecke mir die Erbsen lieber in den Mund, weshalb ich wohl auch mehr wiege als Andreas Goldberger, der 2005 seine Karriere als Skispringer beendet hat und heute immer noch leichter ist als ich.

„Ich habe in meinem ganzen Leben noch nie mehr als 60 Kilo gewogen", sagt der zweifache Olympia-Bronzemedaillen-Gewinner, als wir uns im ORF-Zentrum in Wien zum Interview treffen. Wir sitzen uns in einem kleinen Besprechungsraum, in dem gerade einmal ein Schreibtisch und zwei Stühle Platz haben, gegenüber. Es erinnert mich an Gefängnisbesuchsszenen in Filmen, nur dass zwischen uns keine Glasscheibe ist und wir zum Sprechen keinen

Telefonhörer brauchen. Wie hier eine entspannte Atmosphäre aufkommen soll, weiß ich nicht. Goldberger scheint das enge, klinische Setting jedoch nichts auszumachen. Vielleicht, weil er es durch seine Arbeit als TV-Kommentator gewohnt ist, stundenlang in engen Kabinen zu hocken und unentwegt zu reden. „Wenn es um ‚Frauenfragen' geht, bin ich allerdings nicht so der Experte", sagt er schmunzelnd. „Da kann es natürlich peinlich werden."

Weil wir sein Gewicht schon kurz thematisiert haben, stelle ich Goldberger gleich zu Beginn eine der „Frauenfragen" schlechthin: „Wie schaffst du es, obwohl du zwei Kinder bekommen hast, so schlank zu sein?" Es gibt ja kaum eine Frau, die sich nicht nach der Geburt eines Kindes für ihre Figur rechtfertigen muss. Denn entweder sind die Schwangerschaftskilos viel zu schnell wieder verschwunden oder die Frauen haben damit „noch zu kämpfen", wie es in diversen Frauenzeitschriften gerne heißt. Der weibliche Körper, ein ewiges Schlachtfeld. „Sobald unsere Buben munter sind, gibt es nur Vollgas. Zunehmen ist da eher schwierig", meint Goldberger, der mit seiner Frau zwei Söhne im Alter von vier und fünf Jahren hat. Solche Sätze habe ich bisher nur von weiblichen Hollywood-Stars und Models gehört und ihnen gemeinerweise natürlich kein Wort geglaubt. Und auch bei Goldberger klingt diese Behauptung ein bisschen zu eindimensional. Während seiner Karriere als Skisprung-Profi habe er natürlich penibel auf seine Ernährung geachtet, sagt er auf meine Nachfrage. „Aber ich habe immer geschaut, dass ich keine argen Gewichtsschwankungen habe. Und auch jetzt ist es so: Wenn ich mich halbwegs gesund ernähre und trainiere, geht das eigentlich ganz gut."

In kaum einer Sportart spielt das Gewicht eine so große Rolle wie beim Skispringen. Und nachdem Profi-Sportler*innen auch nur Menschen sind, sind auch sie nicht davor gefeit, krankhafte Körperideale zu entwickeln. Vor allem in den 1990er-Jahren, als Goldberger auf dem Höhepunkt seiner Karriere war, machte die Skisprung-Elite mit Themen wie extremem Untergewicht und Essstörungen Schlagzeilen. Von 1300 Kalorien Nahrungszufuhr pro Tag war teilweise die Rede.[37] „Ich habe schon mitbekommen, dass es einige gab, für die das Essen ein richtiges Problem geworden ist. Natürlich fängt man dann auch an, mehr darüber nachzudenken. Aber ich war unter den Skispringern nie so ein Leichtgewicht und habe mit meinen 1,72 Metern genauso viel gewogen wie manche mit 1,80 Metern."

Auch wenn heutzutage sicher mehr Männer als früher unter dem herrschenden Fitness- und Schönheitsdruck leiden, kenne ich in meinem Umfeld nur wenige, die nach einer Packung Chips und einer Tafel Schokolade abends auf der Couch ein schlechtes Gewissen haben. Bei vielen Frauen hingegen gehört das nach dem Hinunterschlucken zum Standardgefühl. Kann ein Mann, der es aufgrund seines Berufes gewohnt war, Kalorien zu zählen und seine Mutter an den Wochenenden vor den Kopf zu stoßen, weil er ihren Schweinsbraten und die Knödel nicht essen wollte, die Lebensrealität von Frauen vielleicht ein bisschen besser nachvollziehen? Und wenn ja, würde es das unermüdliche Bestreben von Frauen, gertenschlank, fit und an den „richtigen" Stellen kurvig sein zu wollen, in irgendeiner Weise beeinflussen?[38] Wahrscheinlich nicht. Trotzdem ist es ganz angenehm, einmal mit jemandem zu sprechen, der ähnlich wie viele Frauen mehrmals pro Woche auf der Waage gestanden ist und seinen Wert an den dort aufblinkenden Zahlen abgelesen hat. Außerdem ist Goldberger auch der erste Mann, den ich treffe, der schlechte Laune bekommt, wenn er Hunger hat. „Wenn ich krank, müde oder hungrig bin, werde ich grantig und bin einfach schlecht drauf", sagt er und wird mir dadurch gleich noch sympathischer. Der ehemalige Skisprung-Star kennt aber nicht nur die exzessive Beschäftigung mit dem eigenen Gewicht, sondern weiß auch, wie es sich anfühlt, als Mann nicht dem gängigen Schönheitsideal zu entsprechen: groß, stark und muskulös. „Natürlich war das als Jugendlicher nicht so angenehm, wenn deine Freunde sich alle schon rasieren und muskulöser sind als du. Ich habe immer extrem viel trainieren müssen, um überhaupt Muskeln aufzubauen", erzählt Goldberger, der zeit seines Lebens eher ein femininer Typ ist: klein, schmal und mit Oberschenkeln, die definitiv dünner sind als meine. „Ich habe für mich halt den Skisprung-Sport gefunden, und wenn es wieder irgendwo geheißen hat, ‚Du Kleiner' oder ‚Du Schwächling', habe ich mir gedacht, ‚Euch werde ich es auf der Schanze schon noch zeigen'. Aber ein Bodybuilder oder sowas wäre wohl nie aus mir geworden."

Bei der Vorstellung eines Andreas Goldberger mit von Proteinshakes getränkten Muskelbergen und einem Stiernacken muss ich grinsen. Erst kürzlich habe ich auf einer Fitness-Website gelesen, dass jeder Mann insgeheim einen übermenschlichen Nacken möchte, denn: „Kaum ein Muskel oberhalb der Gürtellinie steht so sehr für Männlichkeit wie der Nacken. Auch die Frauenwelt findet sie [sic!] anziehend."[39] Auf mich trifft das jedenfalls nicht zu, denn ich möchte alles, was einem Stier ähnelt, höchstens in einem Burger-Brötchen sehen, viel lieber aber noch auf einer saftigen Weide. Zum Glück sind Geschmäcker bekanntlich verschieden.

Verschieden ist auch, wie Männer und Frauen auf Fragen rund um ihr Aussehen reagieren. Während es viele Frauen als unangenehm, nervig und herabwürdigend empfinden, ständig auf ihr Äußeres angesprochen zu werden, mache ich in meinen „Frauenfragen"-Gesprächen die Erfahrung, dass Männer kein Problem damit haben, über Körpernormen oder Diäten zu sprechen, und es sogar als eine willkommene Abwechslung sehen. „Bisher waren das total leichte Fragen für mich", sagt auch Goldberger. „Außerdem denke ich mir immer, jeder hat doch zu jedem Thema eine Meinung, warum soll ich also nicht ganz normal antworten?" Gut, dann spiele ich das Spiel „Männern einen Spiegel vorhalten und sie in die Interview-Realität von Frauen hineinschnuppern lassen" noch ein bisschen weiter.

Bisher waren das total leichte Fragen für mich.

„Wie schaffst du es, mit knapp 50 Jahren immer noch so unglaublich jung auszusehen?", will ich vom gebürtigen Oberösterreicher wissen. „Ich glaube, ich habe einfach sehr gute Gene mitbekommen. Jetzt, im Alter, kommt mir das natürlich zugute, aber in meiner Jugend war das nicht lustig. Da bin ich oft als ‚Milchbubi' bezeichnet worden oder musste im Lokal einen Ausweis herzeigen."

Ich schaue Goldberger direkt ins Gesicht, was auf die kurze Entfernung in dem winzigen Raum nicht so schwer ist. Obwohl es nicht besonders warm ist, sind seine Wangen rot gefärbt. Meine Großmutter hätte gesagt: „G'sund schaut er aus." Der ehemalige Skispringer erzählt von seiner Kindheit mit zwei Geschwistern auf einem Bauernhof. Dabei leuchten seine Augen und verleihen ihm die spitzbübische Ausstrahlung, für die er seit Jahren bekannt ist. Nicht umsonst wurde er von seinen Fans und den Medien immer liebevoll „Goldi" genannt. Der verniedlichende Spitzname hat sich bis heute hartnäckig gehalten. „Es hat schon eine Zeit gegeben, so am Ende meiner Skisprung-Karriere, wo mich das gestört hat, und wo ich endlich auch als Erwachsener gesehen werden wollte. Aber irgendwie habe ich den Namen nicht mehr weggekriegt. Es bringt eh nichts, sich darüber zu ärgern, also habe ich es einfach akzeptiert."

Goldbergers Mimik unterstreicht dabei das Gesagte. Er zieht die Augenbrauen nach oben und presst die Lippen aufeinander. Um seine Augen zeichnen sich kleine Furchen ab, und wenn man genau hinsieht, kann man das eine oder andere graue Haar erkennen. Andreas Goldberger ist, zumindest optisch, definitiv erwachsen geworden, und so frage ich ihn, wie es ihm eigentlich mit dem Altern geht. „Nicht so gut", gibt er offen zu. Gerade als ehemaliger Profi-Sportler, der sich immer über seine körperlichen Leistungen definiert hat, muss es besonders bedrückend sein, sich einzugestehen, dass die Kraft langsam nachlässt und die Regeneration länger dauert. Darüber hinaus hat sich Goldberger vor Kurzem einen Nerv eingeklemmt und hat nun permanent Schmerzen. „Der Körper zeigt mir halt gerade, wer der Herr im Haus ist. Das wird schon auch ein Zeichen sein, dass ich generell kürzertreten sollte und mir aus sportlicher Sicht neue Sachen suchen muss, die mich glücklich machen." Ob er schon darüber nachgedacht hat, was das sein könnte, will ich wissen. „Ja, jeder empfiehlt mir Yoga oder Nordic Walken, und mein Therapeut hat gesagt, ich soll mich im Fitnesscenter auf den Stepper stellen. Ich weiß schon, dass es mir guttun würde, aber bei solchen Sachen tue ich mir wirklich schwer. Vor allem der Stepper ist doch ein Frauengerät."

Jetzt wird es interessant. Ich dachte immer, Sportgeräte seien geschlechtslos. Automatisch rutsche ich auf meinem Sessel ein Stück weit nach vorne, obwohl das bei der ohnehin schon knappen Distanz zwischen uns gar nicht notwendig wäre. „Warum ist es ein Problem, auf einem Gerät zu trainieren, das vorrangig von Frauen benutzt wird?", frage ich. „Na ja, da fühle ich mich schon ein bisschen in meiner Männlichkeit gekränkt. Ich weiß auch nicht, warum das so ist, aber das kriegt man ja so eingetrichtert – dieses und jenes Gewand, Auto oder Trainingsgerät ist für Frauen gemacht. Am Stammtisch darfst du das zum Beispiel nicht laut sagen, da wird sonst ordentlich gelacht." Goldberger erwähnt jetzt schon zum wiederholten Male „den Stammtisch", der laut Wikipedia eine Gruppe von Menschen beschreibt, die sich regelmäßig in einem Lokal treffen, um gesellig beisammenzusitzen, Karten zu spielen und zu plaudern. Der Stammtisch dürfte dem Ex-Skisprung-Profi, der mit seiner Familie in einem kleinen Ort in Oberösterreich lebt, offenbar sehr wichtig sein. Mir selbst ist er nur von sonntäglichen Kirchgängen in meiner Kindheit bekannt, nach denen die meisten Frauen nach Hause geeilt sind, um das Mittagessen fertig zu kochen, während die Männer ins Wirtshaus gingen, um eine Runde Bier zu trinken. „Ist Gleichberechtigung am Stammtisch eigentlich ein Reizthema?", will ich von Goldberger wissen. „Ich glaube nicht", meint er. „Das ist normalerweise gar kein Stammtischthema. Da wird eher über Fußball, Skifahren und so geredet. Wenn man Feminismus erwähnen würde, käme wahrscheinlich als erste Reaktion: ‚Was ist denn das überhaupt?' Und dann würde mal ordentlich gelacht werden." Lachen ist am Stammtisch, der traditionell immer schon ein männlicher Ort war, an dem Netzwerke geknüpft und Geschlechterklischees eingeübt und dargestellt wurden, offenbar wichtig. Um „one of the boys" sein zu können, lacht man dann auch mal über sexistische Witze und fühlt sich auf Sportgeräten, für die sich Marketingexperten blumige Werbesprüche ausgedacht haben, als „Jammer- oder Waschlappen", wie Goldberger es beschreibt. Schade eigentlich.

Während ich dem ehemaligen Profi-Sportler so zuhöre, wie er davon erzählt, dass es in seiner Lebensrealität immer noch üblich ist, bei der Geburt eines Kindes „Hauptsache, der Bub ist gesund" zu sagen, um damit auszudrücken, dass Söhne mehr wert sind als Töchter, frage ich mich, ob der Druck auf Männer vor allem in ländlichen Regionen nicht enorm groß ist. Denn die Palette, aus der sie die Farben für ihr Mannsein wählen können, ist weitaus limitierter als in einer Großstadt. Status und Ansehen hat, wer groß und stark ist. Und wer das nicht ist, soll zumindest ein großes Haus, ein großes Auto und eine hübsche Frau haben.

Eine Familie gründen, meine eigenen vier Wände haben – das ist ja auch so ein männliches Ziel.

Auch Goldberger sagt auf die Frage, ob er sich denn männlich fühlt: „Ja, schon. Ich habe zumindest die Ziele erreicht, die ich mir als Kind gesteckt habe: beruflich und sportlich etwas erreichen, eine Familie gründen, meine eigenen vier Wände haben – das ist ja auch so ein männliches Ziel. Denn wenn der Bub ewig bei der Mama wohnt, ist das ja auch nichts."

Immer wieder höre ich aus Goldbergers Beschreibungen heraus, dass er das enge Korsett wahrnimmt, in das Männer aufgrund des Patriarchats und der damit verbundenen Traditionen gesteckt werden, und dass es ihn schon auch einengt. Ich habe aber auch das Gefühl, dass er sich damit ganz gut arrangiert hat. Während es in einer Metropole wie Wien mittlerweile ganz selbstverständlich ist, dass Männer mit Babys im Tragetuch einkaufen gehen oder am Vormittag auf Spielplätzen herumsitzen, ist ein Mann, der unter der Woche einen Kinderwagen durch die Straßen schiebt, in Goldbergers Heimatort Mondsee eher eine Seltenheit. „Ich schäme mich da aber auch nicht. Wenn es passt, bringe ich die Kinder in den Kindergarten und hole sie ab. Dabei bin ich aber meistens der einzige Mann unter all den Frauen", erzählt der 48-Jährige in tiefstem oberösterreichischem Dialekt.

Ich habe das Gefühl, dass er, obwohl er zum Beispiel sagt, dass er gegenderte Sprache übertrieben findet, durchaus feministische Ansätze hat. Also will ich es ganz genau wissen: „Bist du denn ein Feminist?" Goldberger lacht etwas unsicher und will wissen, was man da drunter versteht, „weil nicht, dass man da falsch verstanden wird". Ich frage mich, ob er dabei gerade an seine Männerrunde am Stammtisch denkt und erkläre ihm meine persönliche Definition von Feminismus. Dass es im Grunde darum geht, dass niemand aufgrund seines Geschlechts benachteiligt wird. „Ja, dann bin ich sicher Feminist, denn das darf einfach nicht sein. Das versuche ich auch zu Hause in der Familie den Kindern mitzugeben: Egal wie man ausschaut oder ist – wir sind alle Menschen und sollten deshalb auch die gleichen Rechte haben." Theoretisch stimmt das. Auch in einer Beziehung zwischen Mann und Frau sollten die Rechte und Aufgaben gleich verteilt sein. Sind sie aber oft nicht. „Wie ist das denn zwischen dir und deiner Frau?", möchte ich von Goldberger noch wissen. „Ich glaube, dass sie bei uns zu Hause der Chef ist", grinst er unschuldig. Ein bisschen erinnert mich diese Aussage an einen klassischen Stammtisch-Spruch, wenn Männer sich zwar im Spaß, aber doch mit ernstem Unterton, gegenseitig bemitleiden, weil die Frau zu Hause die Hosen anhat. „Nein, das war natürlich nur ein Scherz. Meine Frau ist ja auch berufstätig und wollte nach der Karenz unbedingt wie-

Wir sind alle Menschen und sollten deshalb auch die gleichen Rechte haben.

der arbeiten – einfach um wieder rauszukommen, andere Leute zu treffen und auch beruflich etwas weiterzubringen. In einer gleichberechtigten Beziehung gehört es dazu, dass man das ausredet und aufteilt. Ob es ums Windelwechseln gegangen ist oder ums Essenmachen, ich war da von Anfang an dabei, und ich denke, dass das zum Vatersein auch dazugehört", sagt Goldberger, der sich als Freiberufler seine Zeit recht flexibel einteilen kann. Als aktiver Profi-Sportler wäre das natürlich ganz anders, gesteht er. „Beim ersten Kind war ich 44. Da hatte ich schon sehr viel erreicht und hatte nicht mehr so den beruflichen und finanziellen Druck. Jetzt weiß ich einfach, ich bin reif für die Kinder und für eine Familie. Früher war der Sport für mich das Wichtigste, dem ich alles untergeordnet habe."

Je mehr „Frauenfragen"-Gespräche ich führe, desto bewusster wird mir, dass sich Spitzenpositionen wirklich nur sehr schwer mit intensiv gelebter Elternschaft vereinbaren lassen. Dass richtig erfolgreiche Männer in der Familie oft nur Zaungäste sind. Weil ein Tag eben nur 24 Stunden hat und menschliche Energie nicht endlos ist. Entscheiden muss das im Grunde eh jeder und jede für sich. Aber wer richtig Karriere machen möchte, könnte sich zumindest überlegen, was das in punkto Familiengründung genau bedeutet und sich vielleicht dafür einsetzen, dass Strukturen geschaffen werden, die es Frauen und Männern ermöglichen, gleichzeitig Eltern zu sein und sich im Job zu entfalten. Um im Alter dann eben nicht sagen zu müssen: „Hätte ich doch mehr Zeit mit meinen Kindern verbracht."

Zeit mit seinen zwei Söhnen verbringt Goldberger bewusst sehr viel. „Es ist keine Schande, sich um die Kinder zu kümmern und da die Frau zu entlasten. Ich finde es auch cool, wenn Männer in Karenz gehen. Das wäre für mich sicher auch eine Option gewesen, denn es gibt nichts Lässigeres, als mit den Kindern daheim zu spielen und sich zu kümmern."

Je länger ich Goldberger zuhöre, desto mehr wirkt er auf mich wie eine Art „geheimer" Feminist, der Gleichberechtigung im Alltag mit den ihm zur Verfügung stehenden Möglichkeiten lebt, es aber nicht an die große Glocke hängt. Dass der ehemalige Skispringer demnächst am Stammtisch einmal über Feminismus spricht, bezweifle ich, aber vielleicht ist das auch gar nicht notwendig. Vielleicht braucht es das Label auch nicht immer, um eine Vorbildwirkung zu erzielen. Denn sind wir Menschen nicht eh ein bisschen wie die Lemminge?[40] Eine*r macht es vor und die anderen machen es irgendwann alle nach. Wie im Straßenverkehr, wenn eine*r im Parkverbot steht und kurze Zeit später die ganze Straße vollgeparkt ist. Vielleicht lässt sich das auch auf die Gleichberechtigung übertragen. Aber natürlich müssen auch die gesetzlichen Rahmenbedingungen geschaffen werden, damit gleichberechtigte Elternschaft für Nachahmungswillige gut möglich ist. Damit sie eben keine Frage des Geldes und der individuellen Möglichkeiten bleibt.

Goldberger schaut plötzlich auf die Uhr und sagt, dass er sich allmählich auf den Skisprung-Bewerb vorbereiten muss, den er in ein paar Stunden kommentieren wird. Schade, denn ich habe das Gefühl, dass wir noch ewig so weiterplaudern könnten, ohne dass uns dabei der Gesprächsstoff ausgeht. „Frauenfragen", „Männerfragen", ganz egal – mit Goldberger kann man im Grunde über alles reden. „Die Zeit ist echt wie im Flug vergangen", sage ich und merke im selben Moment, wie gut diese Redewendung zum ehemaligen Skisprung-Star passt. Und damit auch zur Eingangsfrage dieses Textes: Ganz ehrlich, wer hat nicht schon mal vom Fliegen geträumt? Manche, wie Goldberger, schaffen es, eigenhändig abzuheben und es den Vögeln gleichzutun. Aber auch Normalsterbliche wie ich können heute mit einem Flugzeug in den Urlaub fliegen oder mit einem Paragleit-Schirm durch die Luft schweben. Genauso wie der Traum vom Fliegen schrittweise und auf ganz unterschiedliche Art real geworden ist, könnte es doch auch mit dem Feminismus sein. Mit Kreativität, Innovationskraft und Hartnäckigkeit. Mit Vorbildern, die zeigen, wie es geht, die dafür kämpfen und nicht aufgeben. Immerhin wäre es doch verrückt, wenn wir es tatsächlich irgendwann schaffen, auf dem Mars zu landen, nicht aber in einer gleichberechtigten Welt für alle!

Daniela Iraschko-Stolz

SKISPRINGERIN

Klassische „Frauenfragen" habe ich bisher noch nicht gestellt bekommen. Was im Skispringen aber oft passiert, ist, dass zwischen Männern und Frauen verglichen wird: Weite, Anlauf, Haltung etc., anstatt die Sportarten nebeneinander stehen zu lassen. Die körperlichen Voraussetzungen sind einfach andere, und eine Frau ist auch nicht mutiger oder besser, wenn sie über die gleiche Schanze springt wie die Männer.

Mireille Ngosso

ÄRZTIN, POLITIKERIN

In einem meiner ersten Interviews wurde ich gefragt, wie ich meine Haare glätte, und als berufstätige Frau, Politikerin und Mutter will man von mir immer wieder wissen, wie sich das alles nur ausgeht. Ich glaube nicht, dass meine männlichen Kollegen, die einen Beruf und Kinder haben, auch in ähnlich unangenehme Gesprächssituationen gebracht werden und sich rechtfertigen müssen. Eine Frau, die in der Öffentlichkeit steht, kann sich der Kommentare rund um ihr Aussehen und der Fragen bezüglich eines Kinderwunsches oder der Vereinbarkeit von Familie und Beruf wohl kaum auf Dauer entziehen. Dem schlechten Gewissen, nicht genug Zeit mit ihrem Kind zu verbringen, übrigens auch nicht.

Liu Jia

TISCHTENNIS-PROFI

Als Tischtennis-Profi werde ich immer wieder gefragt, wie man denn ein Frauenteam aufbauen könne, wenn im Endeffekt sowieso alle Frauen irgendwann Kinder bekommen und ausfallen. Darauf weiß ich, ehrlich gesagt, keine Antwort. Denn ich habe auch eine Tochter und spiele trotzdem an der Spitze mit.

AM ROTEN TEPPICH

Dirk Stermann trägt bei unserem Treffen ein blau-graues Hemd, blaue Jeans und dazu schwarze Birkenstock-Sandalen. Die weißen Haare und der Bart sind länger als gewöhnlich.

IM FERNSEHEN TRAGE ICH

... aus Höflichkeit das, was mir meine Ausstatterin hinlegt, aber ich finde es nie gut.

MEINE HAARE FÄRBE ICH

... aus Prinzip nicht. Ich stehe zu meinen weißen Haaren, und irgendwann wird es, wie bei Erika Pluhar, ein Markenzeichen.

ALS MANN IN DER COMEDY-BRANCHE

... habe ich es nicht besonders schwer.

ANGST VOR DER KONKURRENZ

... habe ich nicht. Aber es ärgert mich, dass die Jungen oft sehr gut aussehen und auch oft viel besser und erfolgreicher sind als ich.

STYLING-VORBILDER

... hatte ich nur in meiner Jugend, in der ich aussehen wollte wie die klassischen Britpopper. Mit meinem Körper ging das aber nicht.

DIE VEREINBARKEIT VON KINDERN UND KARRIERE

... ist sehr, sehr schwierig.

DIRK STERMANN

Kein Joker, Preis: Applaus

DIRK STERMANN

Bei Dirk Stermann habe ich immer das Gefühl, als wäre er ein entfernter Cousin oder Onkel von mir. Irgendwie vertraut und doch fremd. Vertraut, weil wir uns schon so lange kennen, und fremd, weil wir uns nur selten sehen und nicht ganz die gleiche Sprache sprechen. Nicht etwa, weil er Deutscher ist und manchmal komische Wörter verwendet, sondern weil er von Berufs wegen Comedian ist. Und mit Humor habe ich generell so meine Probleme. Wenn jemand in einer lockeren Runde einen Witz erzählt, bekomme ich Schweißausbrüche, weil ich Angst habe, die Pointe nicht zu verstehen. Meistens schaue ich dann betreten zu Boden, während alle anderen lachen. Ich tendiere dazu, Sarkasmus ernst zu nehmen und vermute hinter allem einen tieferen Sinn.

Deshalb bin ich auch recht aufgeregt, als der Kabarettist und ich uns zu einem Gespräch über „Frauenfragen" treffen. Während ich natürlich auf viele Erkenntnisse in Sachen Gleichberechtigung hoffe, hoffe ich heute auch noch, mich nicht zu blamieren und die feinen Nuancen zwischen Ernsthaftigkeit und Humor unterscheiden zu können. Ganz so, als würde er meine Unsicherheit spüren, sagt Stermann, als ich ihm meine standardmäßige „Frauenfragen"-Getränkeauswahl von Tee bis Prosecco anbiete: „Ich bleibe beim Kaffee und werde danach auf Wasser umsteigen. Ich will ja konzentriert und nüchtern bleiben und ernsthaft antworten."

Zum Aufwärmen erkläre ich dem 55-Jährigen die Spielregeln und lege ihm die Joker vor. Während viele meiner Interviewpartner in diesem Moment durch freudige Laute oder Rumzappeln einen deutlichen Spieltrieb gezeigt haben, regt sich bei Stermann nichts dergleichen. Als ich ihm den Telefon-Joker gebe, sagt er nur: „Ich habe schlechte Erfahrungen mit Telefon-Jokern. In der Promi-Millionenshow, in der ich mal war, habe ich bei einer Naturwissenschaftsfrage einen befreundeten Biologen angerufen, und seine Antwort war falsch. Deshalb werde ich sicher niemanden anrufen und das alleine schaffen. Ich bin ein autarker Mensch."

In Bezug auf die Beantwortung von Fragen stimmt das vielleicht. In Bezug auf seine berufliche Karriere hingegen eher nicht. Dirk Stermann kennt man seit rund 30 Jahren vor allem durch seine Zusammenarbeit mit Christoph Grissemann. Die beiden moderierten gemeinsam diverse satirische Radiosendungen, schrieben und schreiben Kabarettprogramme und Bücher und hosten seit 2007 die ORF-Late-Night-Show „Willkommen Österreich". „Stermann & Grissemann" ist, zumindest hierzulande, eine bekannte Marke, die ähnlich wie „Dolce & Gabbana" oder „Hennes & Mauritz" die Menschen schöner machen will. Wer jetzt nicht weiß, was gemeint ist, sollte mal lachend in den Spiegel schauen. Jeder Mensch, der die Mundwinkel nach oben zieht, ist automatisch schöner. Abgesehen vom Lachen ist Schönheit aber kein Kriterium, das Dirk Stermann sehr wichtig sein dürfte. Als wir uns an diesem heißen Septembertag treffen, trägt er Jeans, ein zerknittertes Hemd und Sandalen. Wären da nicht seine weißen Haare, die ihm gerade im Albert-Einstein-Look vom Kopf abstehen, und sein etwas zu langer Dreitagebart, könnte man ihn am besten als durchschnittlich beschreiben. Stilikonen sehen jedenfalls anders aus. „Ich war jetzt den ganzen Sommer über am Land und ziehe immer das an, was gerade noch sauber ist. Im Moment ist praktisch nichts mehr sauber. Ich glaube, das Hemd hatte ich schon mal an und habe es seither auch nicht gewaschen. Also, ich bin ein bisschen verschlurft." Theatralisch rümpfe ich die Nase und sage: „Man riecht es aber nicht." „Das freut mich", erwidert Stermann und fügt hinzu: „Obwohl ich heute gar nicht geduscht habe, weil sich das in der Früh mit Kind nicht ausgegangen ist."

Mein Podcast heißt zwar „Frauenfragen", trotzdem bin ich überrascht, dass Stermann schon nach wenigen Minuten von selbst auf seinen kleinen Sohn zu sprechen kommt. Erstens, weil Männer in Interviews eher selten unaufgefordert über ihre Kinder reden, und zweitens, weil der Entertainer sein Privatleben generell eher bedeckt hält. Dass er neben einer erwachsenen Tochter aus erster Ehe auch noch einen vierjährigen Sohn hat, hat man 2016 eher beiläufig in der Fernsehsendung „Markus Lanz" erfahren, wo Stermann zu Gast war. „Damals ist mir das so rausgerutscht. Aber grundsätzlich geht das die Leute ja nichts an", meint er. „Ich finde es grauenvoll, dass ich weiß, wie die Kinder von Boris Becker aussehen. Denn wenn dann irgendetwas Hässliches in der Familie passiert und die Kinder an Zeitungsständen vorbeigehen und sich selbst am Cover sehen mit irgendeiner grässlichen Schlagzeile daneben, frage ich mich schon, wie sie das aushalten sollen. Das würde ich nicht wollen." Ich nicke, denn ich kann gut nachvollziehen, dass man als Mensch, der in der Öffentlichkeit steht, Privates privat halten möchte. Bevor ich mit meinem Podcast begonnen habe, habe ich viel darüber nachgedacht, wie ich es am besten anstellen kann, mit Männern über so persönliche

Themen wie ihre Rolle als Vater und ihren Familienalltag zu sprechen, ohne dabei indiskret zu werden. Es ist mit Sicherheit ein schmaler Grat, aber erstens spreche ich hier ja mit Erwachsenen und zweitens ist mein Wunsch, etwas in Sachen Gleichberechtigung voranzutreiben, so groß, dass ich etwaige Grenzüberschreitungen in Kauf nehme. Denn ich bin mir sicher, dass die Vorteile überwiegen, wenn Männer auch einmal öffentlich über die Vereinbarkeitsfrage sprechen und darüber nachdenken, ob sie nicht doch mehr Zeit mit ihren Kindern verbringen sollten, oder was Mannsein im Jahr 2021 alles bedeuten kann. Deshalb freut es mich umso mehr, dass Dirk Stermann von sich aus auf seine Vaterrolle zu sprechen kommt, über die ich trotz unserer 20-jährigen Bekanntschaft nur sehr wenig

Ich bin wahnsinnig gern Vater und mag meine Kinder auch sehr.

weiß. „Ich bin wahnsinnig gern Vater und mag meine Kinder auch sehr. Ich hätte auch immer das Gefühl gehabt, dass mir das ein bisschen zu wenig ist, das alles nur für mich alleine zu machen." Stermann war, als er zum ersten Mal Vater wurde, 26 Jahre alt. „Das war eine sehr intensive Phase", erinnert er sich. Denn damals stand er gerade am Beginn seiner Karriere, musste viel Zeit in die Arbeit stecken und war kaum zu Hause. „Als meine Tochter ein Jahr alt war, hatte ich einen Job in Hamburg. Da bin ich immer am Dienstag hingefahren und am Samstag wieder zurück. In der Nacht habe ich dann Talk-Radio gemacht und mich am Sonntag um meine Tochter gekümmert. Am Montag musste ich mit Christoph ‚Salon Helga'[41] aufnehmen und am Dienstag bin ich wieder zurück nach Hamburg gefahren. Aus heutiger Sicht finde ich das schon arg, weil meine damalige Frau alles allein machen musste. Wenn ich dann da war, war ich natürlich total erschöpft und hatte das Gefühl, gar keinen Freiraum mehr zu haben", sagt Stermann.

Ich finde es traurig, dass man ein Kind bekommt und es im Grunde kaum sieht. Denn wozu hat man sich dann überhaupt dafür entschieden? Deshalb bin ich übrigens auch keine Anhängerin des französischen Modells, nach dem die Kinder schon so früh wie möglich fremdbetreut werden. Selbst nach dem Mutterschutz von zehn Wochen ist das in Frankreich bereits möglich und gesellschaftlich durchaus akzeptiert. Damit Frauen eben möglichst früh wieder in den Arbeitsprozess einsteigen können. Aber stellt man mit diesem Ansatz nicht die Bedürfnisse des neoliberal-kapitalistischen Arbeitsmarktes über die von Kindern? Gibt es da wirklich keine anderen Visionen? Keine Frage, ausreichende Betreuungsmöglichkeiten sind wichtig und gut, um Eltern mal prinzipiell zu entlasten, aber der Weisheit letzter Schluss sind sie meiner Meinung nach auch nicht. Im Fall von Stermann kann ich gut nachvollziehen, dass es wahrscheinlich gar nicht so einfach war, als junger Komiker in der hart umkämpften Unterhaltungsbranche Fuß zu fassen. Wie soll man da am besten die Prioritäten setzen, ohne dass irgendetwas zu kurz kommt? Geht das überhaupt? „Als ich das erste Mal professionell auf Tournee gegangen bin, hat mein Agenturchef gesagt: ‚Wenn du dann nach Hause kommst, ist es so, als würdest du aus der Kriegsgefangenschaft heimkehren. Du gehörst nicht mehr richtig dazu.' Ich habe mir nur gedacht: Der spinnt ja komplett. Aber als ich dann einmal einen Tag früher als ausgemacht nach Hause gekommen bin und meine Frau und meine Tochter überraschen wollte, haben mich beide nur angeschaut und gesagt: ‚Was machst du denn hier? Du kommst doch erst morgen.'" Trotz der intensiven Arbeitsphasen hat Stermann aber immer versucht, seine

Vaterrolle bestmöglich zu erfüllen. Vor allem die Sommermonate, in denen seine Kabarettprogramme und sonstigen Engagements Pause hatten und nach wie vor haben, hat er seiner Familie gewidmet. Ganz nach dem Motto: Alltags-Papa statt nur Wochenend-Papa.

Und wie ist es eigentlich jetzt, rund 25 Jahre später? Als sein Sohn 2016 auf die Welt gekommen ist, war Stermann schon 51 Jahre alt. Neben Promis wie Rainhard Fendrich, Richard Lugner oder George Clooney zählt er damit zu den sogenannten „späten Vätern", für die es zwar keine verbindliche Definition gibt, die man aber meist an ihren grauen Haaren erkennt. Hat es sich bei Stermann, wie bei Andreas Goldberger, auch positiv auf seine Vaterschaft ausgewirkt, dass er bereits am Höhepunkt seiner Karriere angekommen war und finanziell abgesichert ist? „Wie schaffst du es denn heute, deine Familie mit deinem Beruf zu vereinbaren?", will ich also wissen. „Das ist sehr, sehr schwierig", sagt Stermann ohne zu zögern und erzählt dann, dass vor allem die Corona-Pandemie einen großen Einfluss auf seine Rolle als Vater hatte. Wie alle Menschen in der Kreativ-Branche hatte auch er im ersten Lockdown plötzlich Berufsverbot und viel Freizeit. Wobei Freizeit mit einem Kleinkind ja relativ ist. „Im Lockdown war das bei allen schwierig, deren Partner weiterhin arbeiten gegangen sind, während wir uns zu Hause um die Kinder gekümmert haben. Da kommt man ja zu nichts." Aus eigener Erfahrung weiß ich genau, wovon Stermann spricht. Trotzdem schaue ich ihn skeptisch an, weil ich mir nicht sicher bin, ob er das gerade ernst gemeint hat. Aus dem Munde eines Mannes klingt der Satz „Während wir zu Hause geblieben sind und uns um die Kinder gekümmert haben" äußerst ungewöhnlich. Aus dem Munde eines Kabarettisten klingt er wie ein Scherz, und deshalb meldet sich unweigerlich meine Humor-Unsicherheit, und ich frage mich, ob ich jetzt lachen oder wieder einmal nur betreten zu Boden schauen soll. Weil Stermann aber weiterhin ruhig dasitzt und nicht auf einen Lacher, sondern auf die nächste Frage zu warten scheint, erkundige ich mich, wie das denn nun im Lockdown wirklich gewesen ist. „Bis auf den einen Tag in der Woche, an dem ich die ‚Willkommen Österreich‘-Sendung hatte, war ich zu Hause und habe mich um das Kind gekümmert. Das heißt, ich war jetzt ein halbes Jahr quasi in der Rolle, in der meine Mutter war, die immer alles gemacht hat, während mein Vater gar nicht wusste, was wir machen.“

Männer wie Stermann, die es anders machen wollen als ihre eigenen Väter – eine Generation, die vor allem durch Abwesenheit geglänzt hat –, gibt es zum Glück schon viele. Und wenn man nicht ganz so streng ist, wie ich es meistens bin, muss man schon zugeben, dass sich in den vergangenen Jahrzehnten in Bezug auf das Vatersein einiges verändert hat. Moderne Väter wollen nicht mehr nur auf die Ernährerrolle und tolle Ausflüge am Wochenende beschränkt sein, sondern am ganz banalen Alltag teilhaben. Sie wollen den nächsten Kinderarzttermin am Schirm haben, T-Shirts in der richtigen Größe kaufen und aufgeschlagene Knie verarzten. Im Grunde wollen sie nun auch vermehrt Verantwortung für ihre Kinder übernehmen.[42] Das muss man schon auch mal anerkennend erwähnen.

„Neulich habe ich meinem Sohn erzählt, was mein Vater alles nicht gemacht hat. Dass er mir nie die Zähne geputzt oder mich gewickelt hat. Dass er mich nie gebadet oder mir was gekocht hat, und mein Sohn hat immer nur gelacht, weil er dachte, das ist halt so eine Märchengeschichte“, sagt Stermann und bestätigt damit, dass vieles im Wandel ist. „Ich merke das zum Beispiel auch am Spielplatz. Da sind jetzt mindestens ein Drittel der Anwesenden Väter. Bei meiner Tochter war ich praktisch immer der einzige und habe dann halt so Müttergespräche geführt – so hirnerweichende, unendlich öde Gespräche." Für diese Aussage könnte ich den Komiker abbusseln, denn auch ich erinnere mich noch mit Grauen an unerträglichen Small Talk am Sandkastenrand über das neueste ökologische Spielzeug oder den besten Babybrei-Mixer. Dass Stermann offenbar genauso darunter gelitten hat wie ich, finde ich unglaublich verbindend, und es verstärkt meinen Eindruck, dass er ein durch und durch engagierter Vater ist.

Auch beim Thema Stillen ist er bestens informiert und spricht ganz selbstverständlich von Brusthofentzündungen und Schmerzen, denen man mit Topfen und „diesen geilen Silbermetallplättchen" beikommen könne. Nachdem ich selbst nie Stillprobleme hatte, höre ich ihm mit großen Augen zu und finde es spannend, von einem Mann etwas über Brüste zu lernen. Als Stermann dann aber von der Erotik des Stillens spricht, entgleisen mir meine Gesichtszüge ein wenig und ich hebe angestrengt meine Augenbrauen. „Das Stillen ist ja auch für die Frau irgendwie ganz cool. Denn das sind ja innige Momente und hat irgendwie auch fast schon ein bisschen etwas Erotisches."

„Echt jetzt? Für die Frau oder für dich als Mann beim Zusehen?", frage ich und meine Stimme überschlägt sich.

„Natürlich für die Frau", meint Stermann irritiert, und mir wird bewusst, wie schwer es mir fällt, ihn ernst zu nehmen und nicht in das Komödianteneck zu stellen. Wir einigen uns darauf, dass „erotisch" vielleicht der falsche Begriff ist und „intim" unmissverständlicher klingt. Ich selbst habe meine Töchter jeweils ein Jahr gestillt, und so sehr ich es auch genossen habe, so oft habe ich damit gehadert. Denn durch das Stillen schränkt sich der Lebensradius von Frauen massiv ein. Stermann bestätigt das, findet jedoch, dass die Vorteile überwiegen. „Klar ist es für die Frau unfair, aber es macht auch irgendwie Sinn, und man muss sich das halt intellektuell und emotional begreifbar machen, dass das Kind hier gestillt wird und es eine wichtige Phase ist, in der man zurückstehen muss. Denn wenn man das nicht sinnvoll findet, ist es nur mühsam. Dann denkt man sich ja permanent, Mist, jetzt könnte ich im Job gerade in eine andere Abteilung wechseln, kann ich aber nicht, weil ich hier gerade rumstille." Wenn Unternehmen aber mehr für stillende Mütter und Familien ausgelegt wären, würde sich dieser Konflikt ja gar nicht ergeben. Dann wäre es normal, dass Frauen in der ersten Zeit nach der Geburt ihre Kinder im Job dabeihaben, und der Wunsch zu stillen ginge nicht mit einem Karriereknick einher. Ich weiß schon, dass das für manche jetzt vielleicht naiv klingt. Denn wie bitte soll das im Arbeitsalltag funktionieren? Aber dass wir heute über das Internet mit der ganzen Welt verbunden sind, war vor 50 Jahren auch noch unvorstellbar. Also, alles ist irgendwie machbar.

Während ich stillend zu Hause gesessen bin, habe ich mich übrigens auch oft gefragt, ob es nicht doch besser wäre, auf Flaschennahrung umzusteigen. Mehr Schlaf und Freiheiten hätte es mir mit Sicherheit gebracht. Viel mehr aber auch nicht, denn interessanterweise hat die Einführung von industrieller Säuglingsmilch nicht automatisch zu mehr Gleichberechtigung geführt. Egal, wie man es als Frau macht, irgendwie ist es immer falsch. Oder wie lässt es sich sonst erklären, dass öffentlich stillende Mütter sogar manchmal aus Lokalen geworfen werden? „Das ist auch so ein arges Thema, dass sich Menschen darüber aufregen, wenn Frauen in der Öffentlichkeit stillen", sagt Stermann entrüstet. „Die sitzen daneben, fressen Kuchen und saufen, und das Kind, dass das Gleiche machen will, darf das nicht." Nachdem sich der Kabarettist immer wieder für Themen wie Anti-Rassismus oder Diabetes[43] einsetzt und mit seinem Gesicht diverse Kampagnen ziert, sehe ich ihn schon vor meinem inneren Auge eine Still-Petition starten. „Bist du eigentlich Feminist?", will ich wissen und erwarte mir im Grunde nichts anderes als ein klares „Ja!". Stattdessen macht Stermann jetzt eine lange Pause und sagt dann: „Ich habe mir das noch nie so überlegt. Also, ich finde die meisten Forderungen von Feministinnen wichtig und richtig und habe deshalb auch das Frauenvolksbegehren unterschrieben, aber ich weiß nicht, ob ich deshalb ein Feminist bin. Feministinnen sind aktiver und gebildeter in dem Thema als ich. Ich finde, ich bin ein Normalo oder höchstens ein Feminismus-Sympathisant." Woher kommt das denn jetzt bitte? Nach allem, was ich von Stermann weiß und was er bisher erzählt hat, hätte ich fix damit gerechnet, dass er sich als Feminist bezeichnet und vielleicht sogar in einem T-Shirt schläft, auf dem ein cooler feministischer Spruch steht. „Du würdest also auch kein T-Shirt tragen, auf dem steht, dass du Feminist bist?", frage ich nach. „Nein, aber ich mag es sehr, dass meine Freundin ein T-Shirt trägt, auf dem ‚Ich bin mitgemeint' steht."

Obwohl ich heute gerne Kleidung mit feministischen Slogans trage, um auf Gleichberechtigung aufmerksam zu machen und vielleicht auch ein bisschen zu provozieren, war es mit dem Feminismus bei mir auch nicht Liebe auf den ersten Blick. Die meisten Texte zu feministischer Theorie, die ich während meines Studiums lesen musste, überforderten mich. Feministinnen mit kurzen Haaren und Achselbehaarung, die auf der Straße demonstrierten, fand ich zu laut und unangenehm. Und Frauen, die von Kampf sprachen, und dass sie es den Männern heimzahlen wollten, bemitleidete ich. Ich hatte keine Ahnung, was das alles mit mir zu tun haben sollte – bis ich Mutter wurde und sich ein völlig neuer Abgrund an patriarchalen Strukturen und Ungerechtigkeiten vor mir auftat. Die feministische Philosophin Judith Butler und manche andere Theoretikerinnen verstehe ich heute zwar immer noch nicht ganz und auch mit den Männerhasserinnen werde ich mich nie identifizieren können. Aber ich habe verstanden, dass das alles seine Berechtigung hat und zum Feminismus dazugehört. Dass Feminismus vielfältig ist und vor allem notwendig. Und deshalb bezeichne ich mich heute mit Stolz als Feministin. Stermann sitzt mir gegenüber, nippt hin und wieder an seinem Prosecco, den er sich vor ein paar Minuten doch noch eingeschenkt hat, und sieht nachdenklich aus. 2016 hat er sich gemeinsam mit Christoph Grissemann in der ORF-Satiresendung „Wie tickst du?" ansatzweise mit Feminismus auseinandergesetzt. Die beiden sind der provokanten Frage nachgegangen, ob Frauen „Menschen wie wir"[44] sind und haben dafür viel Kritik bekommen. Chauvinismus und das Reproduzieren von Geschlechterklischees wurden ihnen vorgeworfen. Ja, Feminismus ist meistens eine ernste Angelegenheit. Aber auch mir geht es manchmal in der Debatte viel zu ernst und verbissen zu, und deshalb frage ich Stermann, ob er finde, dass der Feminismus Satirikern ein bisschen den Spaß verderbe. „Das würde ich mir gar nicht überlegen können", sagt er. „Weil ich beides ganz gut finde. Als ORF-Mitarbeiter drücke ich natürlich beiden Teams die Daumen, dem Satire- und dem Feminismus-Team, und denke, dass beide gut auf demselben Planeten Platz haben können. Ich kenne relativ viele Feministinnen und finde das allermeiste, was sie sagen, total richtig. Aber ich organisiere jetzt keine Demo oder sowas."

„Muss man denn wirklich Aktivist sein, um sich als Feminist bezeichnen zu können?", frage ich noch einmal nach. Denn auch ich habe in meinem ganzen Leben noch keine aktivistische Aktion gestartet. Vielleicht, damit ich endlich Ruhe gebe, sagt Stermann schließlich: „Ok, gut, dann bin ich Feminist." Dabei atmet er geräuschvoll aus und wirkt mit einem Mal sehr müde und genervt. Ganz ähnlich geht es mir immer, wenn ich zum Beispiel in den sozialen Netzwerken erlebe, wie sich Feministinnen gegenseitig angreifen und einander Vorwürfe machen. Wie sie sich gegenseitig beschuldigen, nicht den richtigen Feminismus zu vertreten und sich in Begriffsdefinitionen verlieren. Wie sie unendlich viel Zeit mit Zickenkrieg und Ego-Attacken verbringen, während weltweit großflächig Frauenrechte ausgehebelt, Frauen in alte Rollenbilder zurückgedrängt und Fortschritte zu Rückschritten werden. Über Begriffe zu schwadronieren, ist anstrengend, wenn es doch eigentlich um Inhalte gehen sollte. Den einen richtigen Feminismus gibt es ohnehin nicht. Feminist*innen müssen genauso divers sein dürfen wie die Diversität, die sie in der Gesellschaft, in Unternehmen und bei Podiumsdiskussionen fordern. Feminist*innen müssen Fehler machen dürfen, peinlich sein und stolpern dürfen. Und sie sollten sich gegenseitig auffangen, wenn es notwendig ist, und sich miteinander verbinden.

Nach dem heutigen Gespräch fühle ich mich mit Dirk Stermann jedenfalls sehr verbunden. Nicht nur, weil er sich dazu durchgerungen hat, zu sagen, dass er Feminist ist, sondern weil ich ihn von einer Seite kennenlernen durfte, die mir bisher verwehrt geblieben war: als engagierten Vater und glühenden Vertreter von Gleichberechtigung im Alltag. Warum ich das in den 20 Jahren, die wir uns bereits kennen, noch nicht bemerkt habe, liegt zum einen sicher daran, dass er damit nicht hausieren geht, zum anderen aber auch an den Geschlechterklischees und dem Mann-Frau-Bild, das leider auch noch immer tief in mir verankert ist. Denn warum sonst braucht es erst einen „Frauenfragen"-Podcast, um mit Stermann endlich einmal über seine Vaterschaft und die Vereinbarkeit von Familie und Beruf zu sprechen?

Verena Altenberger
SCHAUSPIELERIN

Die Frage nach meinem Beziehungsstatus kommt im Grunde in jedem Interview. Selbst wenn ich ausführlichst über meine Kindheit erzähle oder das Verhältnis zu meiner Mutter und ihren Tod, wird mir danach vorgeworfen, ich wolle nichts Privates erzählen. Als wäre der Beziehungsstatus einer Frau das einzig privat Relevante. Als wäre eine mögliche Partnerschaft privater als meine ureigenen, tiefen Gefühle. Ich glaube, bei Männern in meiner Branche werden Grenzen in Interviews viel schneller akzeptiert, sie werden auch als eigenständiger Mensch als interessant genug erachtet.

Dolores Schmidinger
KABARETTISTIN, SCHAUSPIELERIN

Männer in meiner Branche haben den großen Vorteil, dass es in der Bühnenliteratur sehr patriarchalisch zugeht. Das bedeutet: Männer = bessere Rollen, mehr Ansehen, mehr Geld. Ich zitiere gerne einen Theaterdirektor vor vielen Jahren bei einer Lohnverhandlung: „Für eine Frau kriegst du eh eine gute Gage!" Das sagt, glaube ich, sehr viel.

Beate Meinl-Reisinger

POLITIKERIN

Als ich fünf Wochen nach der Geburt meiner dritten Tochter wieder in meinen Job als Parteichefin zurückkehrte, bekam ich viel Kritik. Vor allem in den sozialen Medien. Einer schrieb, meine Tochter wäre bei der Mutter besser dran gewesen, wenn sie nicht geboren worden wäre, und andere (fast immer Männer) fragten öffentlich, ob ich denn dann überhaupt stillen würde. Das auszublenden war wirklich schwer.

AM ROTEN TEPPICH

Richard Lugner trägt bei unserem Treffen ein blaues, klein gemustertes Hemd, ein beiges Sakko, schwarze Jeans und schwarze Lederschuhe.

IN MEINER HANDTASCHE IST
... nichts, denn wir Männer haben ja keine Handtaschen.

DAS ALTERN
... ist für mich kein Problem. Es gibt viele Leute, die 20 Jahre jünger sind als ich, denen es wesentlich schlechter geht.

MEIN GEHEIMREZEPT
... die F.X.-Mayr-Kur, die ich seit 30 Jahren mache.

MEINE TRÄNENSÄCKE
... sind etwas, zu dem ich stehe.

DIE VEREINBARKEIT VON KINDERN UND KARRIERE
... ist als Unternehmer sehr schwierig. Aber ich habe immer wieder versucht, Zeit mit der Familie zu verbringen.

RICHARD
LUGNER

*Kein Joker,
Preis: Schokolade*

RICHARD LUGNER

Richard Lugners Sekretärin ist der wahrscheinlich netteste Mensch der Welt. Zum zweiten Mal in einer Woche telefoniere ich mit ihr, und zum zweiten Mal muss ich den vereinbarten Interviewtermin absagen. Zuerst waren meine Kinder krank, jetzt bin ich verkühlt. Und mitten in einer Pandemie ist es nicht sonderlich schlau, das Haus mit Erkältungssymptomen zu verlassen, geschweige denn ein Interview mit einem 88-Jährigen zu führen, der vor Kurzem noch mit einer Lungenentzündung im Krankenhaus gelegen ist. Da kann ich mir noch so viele weiße Stäbchen in die Nase stecken, das Risiko ist mir zu hoch. Bettina Kumpan-Siegl, die seit mehr als zehn Jahren Lugners Chefsekretärin ist, ist äußerst verständnisvoll und meint, dass das alles überhaupt kein Problem sei. Wahrscheinlich ist sie Absagen von Frauen gewöhnt. Immerhin hat sich „Zebra", die letzte Freundin des Society-Löwen, erst vor Kurzem von ihm getrennt, und fünf Scheidungen hat Lugner auch schon hinter sich. Wer da als Sekretärin nicht nett und geduldig ist, hat vermutlich schon verloren. Wir suchen also nach einem neuen Termin, und beim dritten Anlauf klappt es.

An einem Montagvormittag fahre ich zur Lugner City am Wiener Gürtel, wo der ehemalige Baumeister sein Büro hat. Weil ich zu früh dran bin und Shoppen seit den Lockdowns zu einem echten Highlight geworden ist, mache ich einen Abstecher in das Einkaufszentrum, das Lugner vor mehr als 30 Jahren eröffnet hat. Frauen mit Kopftuch und Kinderwagen schieben sich an Auslagen von Textildiskontern vorbei, Männer in Blaumann und dicken Arbeiterschuhen fahren die Rolltreppe hinauf in Richtung Selbstbedienungsbüffet. Obwohl vor ein paar Jahren einiges erneuert wurde, hat der Shopping-Komplex seine Glanzzeit hinter sich. Genau wie die Büros im dritten Stock, wo ich jetzt im dunklen, fensterlosen Gang auf den Termin mit Richard Lugner warte. An den Wänden hängen Fotos, die ihn neben echten Promis zeigen, und Zeitungsausschnitte, die von Bauprojekten berichten. Gerade als ich zum Miniaturmodell der Moschee gehen will, deren Bau den gebürtigen Wiener Ende der 1970er-Jahre berühmt gemacht hat, öffnet sich eine Tür.

„Herr Lugner ist jetzt bereit", sagt seine Sekretärin, die noch viel netter wirkt, als sie am Telefon geklungen hat. Ich gehe an Stapeln von Aktenordnern und Büchern vorbei und finde Lugner hinter seinem Schreibtisch sitzen, der über und über mit Unterlagen bedeckt ist. Ganz offensichtlich habe ich es hier mit einem geschäftigen Mann zu tun. Mit etwas Mühe steht der 88-Jährige auf und will gleich mit dem Interview loslegen. Doch zuerst muss ich ja noch mein Podcast-Equipment zusammenbauen. Hektisch entwirre ich also meine Mikrofonkabel und frage Lugner währenddessen, ob er sich schon von seinem Oberschenkelkapselbruch, den er sich vor Kurzem zugezogen hat, erholt hat. Ein bisschen Small Talk zu Beginn kann sicher nicht schaden. Gewohnt offen erzählt er, dass er langsam wieder gehen lernen musste, brav alle Turnübungen macht und den Rollator nur noch selten verwendet. Persönliche Fragen, selbst die indiskretesten, kennt Lugner aus seiner Zeit als Opernballkönig und Reality-TV-Star nur zu gut.

Den Boulevard weiß und wusste er stets zu bedienen. Ich bin also gespannt, ob ihn noch irgendetwas aus der Reserve locken kann.

„Herzlich willkommen bei ‚Frauenfragen'", sage ich, und Lugner sagt: „Ich weiß nicht, ob ich dafür der Richtige bin. Denn ich bin ja ein Mann." Damit macht er von Anfang an sein Weltbild klar: Männer und Frauen sind von Grund auf verschieden und haben unterschiedliche Rollen. Deshalb könne er übrigens auch nicht den „Frauenpower"-Tee trinken, den ich mitgebracht habe. „Der ist nichts für mich, weil ich ja keine Frau bin." Obwohl Lugner mit seinen 88 Jahren mein Großvater sein könnte und ich bereits in der katholischen Privatschule gelernt habe, dass Jüngere Älteren niemals das Du-Wort anbieten dürfen, frage ich Lugner dreist, ob ich „Du" sagen darf. Einerseits, weil das automatisch mehr Nähe und Augenhöhe schafft und andererseits, weil ich damit lässig so manchen Mann nachahme. Selbst als 40-Jährige werde ich immer wieder von älteren Männern ungefragt mit „Du" angesprochen, gerne in Kombination mit Anreden wie „Mädel" oder „junges Fräulein". „Bleiben wir per Sie", antwortet Lugner emotionslos und steckt damit gleich einmal seine Grenzen ab. Ich bin überrascht, lasse mir jedoch nichts anmerken und frage mich, ob das vielleicht die letzte Form von Distanz ist, die sich der Unternehmer in all den Jahren der Boulevard-Entblößungen bewahrt hat. Vielleicht ist es aber auch nur eine Generationenfrage.

„Haben Sie eine Ahnung, worum es im ‚Frauenfragen'-Podcast geht?", will ich von Lugner wissen, um u.a. herauszufinden, ob die These stimmt, dass Männer bei Interviews

Frauen und Männer sind ganz einfach unterschiedliche Wesen.

oft zusagen, ohne sich vorzubereiten. Statt einer konkreten Antwort unterbricht er mich und schweift vom Thema ab. Vielleicht wurde ihm das beigebracht, als er 1998 und 2016 für das Amt des Bundespräsidenten kandidierte. „Ich habe ein sehr unterschiedliches Verhältnis zu Frauen", sagt er und beginnt von seiner Kindheit zu erzählen. „Ich bin mit meiner Mutter aufgewachsen und habe meinen Vater aufgrund des Krieges das letzte Mal mit zehn Jahren gesehen. Als ich dann ins Berufsleben eingetreten bin, habe ich einen Vaterersatz gesucht und diesen in meinen Chefs gefunden. Das war das Eine. Und das Andere war, dass ich in meiner Schulzeit nur von Burschen umgeben war." Ob er als Kind also zu wenig Kontakt zu Frauen gehabt habe und was das mit ihm gemacht hat, will ich wissen. Lugner verneint und erzählt von seiner schwerhörigen Mutter und der Tante, mit der er oft im Theater war, nur um dann wieder zu seiner Lieblingsaussage zurückzukehren: „Frauen und Männer sind ganz einfach unterschiedliche Wesen. Sie decken unterschiedliche Dinge ab, und deshalb denke ich, ein Kind braucht beide im Leben." Wir haben die klassischen „Frauenfragen" noch nicht einmal gestreift, und vorgestellt habe ich Lugner, wie ich das mit all meinen Gästen am Anfang des Gesprächs tue, auch noch nicht. Trotzdem sind wir schon bei ganz grundlegenden Themen der Gleichberechtigung angekommen.

Aber alles der Reihe nach. Ich beschreibe den Reality-Star also in meiner gewohnt klischeehaften Manier. „Sie sind klein, mit recht markanten Tränensäcken, die fast so etwas wie ein Markenzeichen sind." Lugner unterbricht mich erneut und erklärt mir fast ein bisschen stolz, dass seine Tränensäcke aufgrund einer Kur, die er regelmäßig in Deutschland macht, mittlerweile nicht mehr so massiv sind. Ich erfahre, dass auch Wladimir Putin und Victoria Beckham in derselben Klinik in Behandlung sind. „Wegen der Schönheit mache ich das aber nicht", sagt der 88-Jährige. „Weil, was ein Mann schöner is wie ein Aff', is ein Luxus." Diese Weisheit von Friedrich Torberg holen Männer seines Alters oft hervor, um ihr mittelmäßiges Aussehen zu rechtfertigen. Warum gibt es so einen Spruch eigentlich nicht für Frauen? Ach ja, weil Frauen in unseren Breitengraden ganz gerne auf ihr Aussehen reduziert und zum Objekt gemacht werden, und weil die Schönheitsindustrie damit Millionen verdient. Wie konnte ich das nur vergessen! Auch für die Frauen in Lugners Leben hatte Schönheit immer einen hohen Stellenwert und selbst Operationen waren dabei Mittel zum Zweck. „Wobei das nie von mir ausgegangen ist", meint er. Seine dritte Ehefrau, von der er sich 1989 scheiden ließ, fiel nach einer Schönheitsoperation ins Koma und starb. Auch seine bekannteste Ex-Frau, Christina „Mausi" Lugner, legte sich unters Messer und ließ sich die Brust vergrößern. „Ich war absolut dagegen, als sich Mausi hinter meinem Rücken den Busen hat machen lassen. Mir hat das erst gar nicht gefallen. Aber mittlerweile hatte ich viele Freundinnen mit Silikonbrüsten, und jetzt finde ich es auch besser, weil sie nicht runterhängen und sich auch besser angreifen." Danke, so genau wollte ich es gar nicht wissen. Die Aussage, dass Lugner gegen die Brustvergrößerung seiner Ex-Frau war, macht mich stutzig. Wie kann ein Mann gegen etwas sein, das den Körper der Frau betrifft? „Der Körper gehört doch einzig und allein der Frau", sage ich laut. Etwas zu laut. „Das ist grundsätzlich richtig", meint der Shoppingcenter-Betreiber, „aber in einer Partnerschaft sollte man so wichtige Dinge doch gemeinsam entscheiden." Ich bin gespannt, ob das Gemeinsame nur den Körper der Frau betrifft oder auch Bereiche wie putzen, kochen und Kinder erziehen. Aber zu diesem Themenkreis kommen wir erst, und im Grunde kenne ich die Antwort schon.

Davor will ich jedoch noch über Lugners Prostatakrebs-erkrankung sprechen, anhand derer ich eine Situation nachspielen möchte, die vor Kurzem einer ehemaligen deutschen Politikerin mit Brustkrebs passiert ist. Silvana Koch-Mehrin wurde in einem Interview[45] gefragt, inwiefern der Krebs ihr Gefühl von Weiblichkeit verändert habe und was Glatze und Perücke mit ihr gemacht hätten, da sie doch früher das Stereotyp der klassischen Blondine so gut bedient habe. Es ist erstaunlich, dass solche Fragen, die ganz klar auf Rollenklischees basieren, immer noch gestellt werden. Noch viel erstaunlicher ist es, dass das auch tatsächlich abgedruckt wird.

Ich frage Richard Lugner also auch, ob der Prostatakrebs sein Gefühl von Männlichkeit beschädigt habe. Vor allem, nachdem er sich ja gerne als potenter Mann inszeniert und seinen 88. Geburtstag inmitten seiner Ex-Freundinnen und einer Stripperin gefeiert hat. Ich fühle mich mies, als ich diese Fragen stelle. Aber ich muss sie stellen, um aufzeigen zu können, wie unverschämt und unter der Gürtellinie sie sind. Völlig unbeeindruckt meint Lugner: „Schauen Sie, es gibt zwei Methoden, wie man diesen Krebs besiegen kann: rausschneiden oder bestrahlen. Ich habe mich für eine Bestrahlung entschieden, und damit bin ich als Mann noch voll funktionsfähig." Ungefragt bekomme ich noch weitere Einblicke in die Bekämpfung von Prostatakrebs. „Der Nachteil bei der Bestrahlung sind die Nebenwirkungen. Da wird einem ja ein Röhrchen in den After gesteckt, damit die Röntgenstrahlen den Dickdarm nicht beleidigen. Gleich nach der Behandlung konnte ich beim Gang auf die Toilette die große und kleine Seite nicht so gut unterscheiden", erzählt er. Unruhig wetze ich in meinem Sessel hin und her. Ich habe Angst, diese Bilder nie wieder aus dem Kopf zu bekommen. Aber Lugner kann ich deshalb wirklich keinen Vorwurf machen, immerhin habe ich es ja darauf angelegt. Als wollte er mich beruhigen, fügt er noch hinzu: „Aber inzwischen ist wieder alles im Normalbereich, und ich bin ganz der Alte." Das freut mich. Nein, ganz ehrlich, es freut mich wirklich, wenn Menschen gesund sind und nicht leiden müssen. Trotzdem hätte ich mir gewünscht, dass Lugner protestiert und diese Frage zurückweist. Denn damit wäre deutlich geworden, dass Klischeefragen bei beiden Geschlechtern unangebracht sind und man wirklich nicht jede Unverschämtheit beantworten muss.

Natürlich frage ich auch Lugner, wie das war, als seine Kinder zur Welt gekommen sind und wie sich die Familie mit seinem Job als erfolgreicher Baumeister vereinbaren ließ. Als würde er meine Frage nicht ganz verstehen, sieht er mich etwas verwundert an und sagt: „Ich habe 700 Mitarbeiter gehabt, und für die habe ich mich verantwortlich gefühlt. Ich habe viele auch im Winter beschäftigt und von den meisten auch die Familien gekannt, weil wir einmal im Jahr gemeinsam nach Istanbul, Moskau, Rom oder Paris geflogen sind. Und noch heute kommen die Leute zu mir und sagen, das war wunderschön bei Ihnen." Ob seine zwei Söhne aus erster Ehe und seine Tochter, die er mit Ex-Frau Christina hat, das auch so sagen würden? Lugner ist nach fünf Scheidungen reflektiert genug, um sich einzugestehen: „Der Grund, warum ich so häufig geschieden bin, ist sicher auch, dass ich mich immer um die Firma gekümmert habe." Heiraten, obwohl man schon mit seiner Arbeit verheiratet ist. Das ist der Braut gegenüber wirklich nicht fair, denke ich und frage Lugner, wie es sein kann, dass Männer eine Familie gründen und für diese dann gar nicht richtig da sind. Wieder sieht mich der Unternehmer irritiert an, schüttelt den Kopf und sagt: „Die Frauen bringen doch die Kinder auf die Welt und stehen ihnen von Natur aus einfach näher. Bei meiner ersten Scheidung ist ein Sohn zu mir gekommen und einer zu meiner Frau. Für den, der bei mir war, war das sicher ein Nachteil, da ein Vater sich nicht so kümmert wie eine Mutter." Lugner klopft dabei mit den Fäusten auf den Tisch und allmählich beschleicht mich das Gefühl, dass er mir diesen für ihn so offensichtlichen, biologisch begründeten Unterschied zwischen den Geschlechtern am liebsten ins Hirn hämmern würde. Damit

Die Frauen bringen doch die Kinder auf die Welt und stehen ihnen von Natur aus einfach näher.

ich endlich aufhöre, die Wörter Männer und Kinder in einem Satz zu verwenden und ihn mit dem leidigen Thema Feminismus zu belästigen. Aber noch bin ich kampfeslustig. Immerhin trage ich ein T-Shirt mit der Aufschrift „The future is female", das sich unter meinem Blazer versteckt. Gerade so, dass man es nicht eindeutig erkennen kann. Ich komme mir vor wie eine Geheimagentin, in deren Kugelschreiber Raketen und andere freakige Dinge eingebaut sind, und sage: „Das sind doch nur faule Ausreden. Männer können sich doch genauso gut um Kinder kümmern wie Frauen." „Also, wenn ich mir Ihr Gesicht anschaue, Ihre Augen, Ihre Nase, Ihren Mund. Dann sind Sie für mich eindeutig attraktiver als ein Mann." Jetzt bin ich es, die ihn fassungslos ansieht. Was hat das mit der Vereinbarkeit von Kindern und Karriere zu tun? Will er mich auf den Arm nehmen, vom Thema ablenken, mich mit einem Kompliment weichklopfen? „Aber deshalb muss ich als Frau doch nicht bei den Kindern zu Hause bleiben", sage ich entrüstet. „Schauen Sie", entgegnet er in einem besänftigenden, großväterlichen Ton und setzt an, mir die Welt zu erklären. „Wenn Sie durch die Lugner City spazieren, werden Sie ganz viele Frauen mit Kinderwägen sehen. Männer sieht man höchstens am Wochenende." Damit hat er wohl recht. Wenn man die Realität so eindimensional betrachtet, kann man tatsächlich den Eindruck gewinnen, dass Frauen den Kindern näherstehen und dass Kindererziehung Frauensache ist. Aber das hat doch mit den Strukturen zu tun, versuche ich ihm jetzt die Welt zu erklären. Und damit, dass Frauen meistens immer noch weniger verdienen als Männer. Jetzt wird es Lugner offenbar zu bunt, denn er unterbricht mich in schönster „Manterrupting"-Manier und holt zu seinem Totschlagargument aus: „Ein Mann ist ein Mann, und eine Frau ist eine Frau. Und das sind ganz unterschiedliche Dinge." Und dann hält er einen Monolog über die Bezahlung von Männern und Frauen und meint, dass Männer deshalb mehr verdienen, weil ihre Arbeit körperlich anstrengender sei, und dass Frauen quasi selbst schuld seien, weil sie eben nicht in die richtig gut bezahlten Berufe gehen. „Warum werden so wenige Frauen Pilotinnen?", fragt er in den Raum und wartet erst gar nicht auf eine Antwort. Das Trommeln mit den Fäusten wird stärker. Lugner kommt jetzt so richtig in Fahrt und wischt meine Aussage, dass Frauen auch bei genau der gleichen Arbeit oft weniger bezahlt bekommen, mit den Worten „Geh, is jo ned wohr" vom Tisch. Der Gender-Pay-Gap, weibliche Altersarmut und die gläserne Decke sind also nicht wahr. Sind nur eine Erfindung von uns Frauen, damit wir alte weiße Männer nerven können und halt auch etwas haben, um uns wichtig zu machen.

Unser Gespräch hat gerade seinen Tiefpunkt erreicht. Richard Lugner und ich gehen einander gehörig auf die Nerven. Und wäre er nicht so ein Gentleman, wie manche über ihn sagen, oder zumindest ein gewiefter Unternehmer, hätte er mich wahrscheinlich schon längst hinausgeschmissen. Doch die Schlagzeile „Feministin aus Lugner City geworfen" würde dem Geschäft in Zeiten wie diesen wohl nicht so guttun. Ich lasse den Geschäftsmann also reden und beobachte, wie er an diesem Tisch sitzt, an dem mindestens 15 Menschen Platz haben, und seine Meinungen in die schwarze Tischplatte klopft. Die Haare sind grau und schütter, die Körperhaltung gebückt, und er ist wirklich sehr klein, denke ich. Richard Lugner ist 88 Jahre alt. Was das genau bedeutet, wird mir gerade erst bewusst. Er ist 1932 geboren und hat als Jugendlicher die letzten Tage des Krieges miterlebt. Er hat den Wiederaufbau des Landes mitgestaltet und war als junger Unternehmer Teil des keimenden Wirtschaftsbooms. Als Lugners Söhne aus erster Ehe 1963 und 1966 zur Welt kamen, war von Frauenrechten gerade wenig die Rede. Der Ehemann war per Gesetz das Familienoberhaupt. Er konnte nicht nur über alle wichtigen Familienangelegenheiten bestimmen, sondern war auch zum Ernährer von Frau und Kind bestimmt. Erst die Familienrechtsreform 1975 änderte das – Frauen und Männer wurden rechtlich gleichgestellt. Frauen durften von da an ohne Zustimmung des Mannes arbeiten, über den Wohnsitz mitentscheiden und den Familiennamen wählen. Das klingt so absurd, dass ich es fast nicht glauben kann. Denn so lange ist das alles noch nicht her. Aber nur weil sich Gesetze ändern, ändern sich nicht automatisch jahrelang eingeübte, festgefahrene Denkmuster und Rollenbilder. Richard Lugner ist der beste Beweis dafür. Und jetzt, wo ich darüber nachdenke, kann ich ein bisschen nachvollziehen, warum der ehemalige Baumeister so daran festhält, dass Frauen und Männer unterschiedliche Rollen haben. Er selbst hat die Ernährerrolle quasi perfektioniert. Würde er diese plötzlich infrage stellen, müsste er wohl sein ganzes Leben infrage stellen, und das in einem kurzen Gespräch mit einer Frau, die er gerade erst kennengelernt hat. Ich spüre also plötzlich so etwas wie Verständnis und auch ein bisschen Mitleid für den gealterten Society-Löwen. Denn ich kenne kaum jemanden, der patriarchale Haltungen so stringent verkörpert wie er. Und selbst wenn das Patriarchat Männer bevorteilt, weiß man mittlerweile, dass es sie auch einschränkt. Männer leisten mehr Überstunden als Frauen, erkranken häufiger an Krebs und begehen öfter Selbstmord. Und trotzdem halten vor allem sie oft an patriarchalen Strukturen fest. „Die Männer haben das Geld zu verdienen und die Frauen haben den Vorrang bei den Kindern", sagt Lugner wieder und erzählt von den Anfangsjahren seiner Baufirma. „Wenn es ein Problem gegeben hat, musste ich mich halt voll und ganz reinhängen. Ich hatte damals zum Beispiel nie einen Sommerurlaub. Meine Frau war an der Adria, und ich bin nur am Wochenende hingefahren." Ja, das klingt auch nicht gerade toll. Trotzdem werde ich das Gefühl nicht los, dass Männer es teilweise leichter haben. Dass das Entweder-Oder nicht ganz so massiv ist wie bei Frauen. Dass Väter, die in Karenz gehen und den Haushalt schupfen, genauso beklatscht werden wie solche, die ein Unternehmen leiten und nur am Wochenende zu Hause sind. Was bei Frauen ja definitiv nicht der Fall ist. Denn bei den Kindern zu bleiben, wird als selbstverständlich angesehen. Für viele Frauen wird Karriere somit zur Zerreißprobe, und der Stempel „Rabenmutter" wird ihnen nur allzu leicht aufgedrückt. Was in mehrerer Hinsicht falsch ist. Denn Raben sind äußerst liebevolle Mütter und teilen sich die Betreuung des Nachwuchses übrigens engagiert mit den Vätern.

„Wird es im Jahr 2020 nicht langsam Zeit, dass Männer die Vaterrolle stärker einnehmen?", frage ich Lugner noch zum Schluss. „Schauen Sie", meint er, und mir fällt auf, dass er das immer sagt, wenn er etwas klarmachen will, das seinem Gegenüber längst klar sein sollte. „Frauen und Männer sind unterschiedliche Wesen mit unterschiedlichen

Begabungen, und ich finde, dass die Frauen den Kindern näherstehen. Das ist einfach so." Und dann schaut er auf die Uhr und sagt: „Wir müssen jetzt aufhören. Ich habe gleich meinen nächsten Termin." Vielleicht ist es tatsächlich ein guter Zeitpunkt, um das Gespräch zu beenden. Denn ich habe das Gefühl, viel mehr und vor allem etwas anderes als bisher werde ich von dem 88-Jährigen in Bezug auf Gleichberechtigung nicht zu hören bekommen. Die klassischen Rollenbilder sind für ihn so selbstverständlich, dass er gar nicht anders kann, als sie zu verteidigen. Auf eine andere Sichtweise will oder kann sich Lugner anscheinend nicht einlassen. Der Zug ist in dieser Beziehung wohl abgefahren.

Mit gemischten Gefühlen gehe ich also über den roten Teppich in seinem Büro, vorbei an Aktenordnern und Hängeschränken. Ich komme mir mit einem Mal unglaublich naiv vor, da ich mir tatsächlich erhofft habe, Lugner zumindest ein bisschen zum Nachdenken anzuregen. Doch ich war nur ein Termin von vielen, den er absolviert hat, um ein bisschen mehr Aufmerksamkeit für sein Einkaufszentrum zu bekommen. Die Wirtschaftlichkeit seines Unternehmens ist Lugners oberste Maxime, und seine Sekretärin bestätigt mir das noch einmal beim Hinausgehen. „Ich habe noch etwas für Sie", sagt sie und verschwindet in einem kleinen Raum, der von oben bis unten voll mit Kartons ist. Als sie zurückkommt, überreicht sie mir Badeschlapfen, eine Kappe und ein rotes T-Shirt mit der Aufschrift „Gemma Lugner". Ich soll also zur Werbeträgerin für die Lugner City werden, was ich aus diversen Gründen sicher nicht machen werde. Während ich also überlege, an wen ich die Sachen am besten weiterschenken kann, stecke ich sie dankend ein. Immerhin kommen sie von der nettesten Sekretärin der Welt.

Angelika Hager
JOURNALISTIN, AUTORIN

Klassische „Frauenfragen" kenne ich persönlich nicht so. Aber ich werde in meinem beruflichen Alltag immer wieder mit sogenanntem „Mansplaining" konfrontiert. Da verdrehe ich dann nur die Augen und denke mir: „Danke, ganz lieb, Jungs. Ich bin seit 35 Jahren Journalistin und weiß inzwischen schon ein bisserl, wie es geht." Wenn du dynamisch beleidigt reagierst, bist du schnell die menopausale Zicke, die frustriert ist. Wenn ein Mann dynamisch reagiert, ist er zielorientiert und weiß, wer er ist und was er will.

Lena Hoschek
MODEDESIGNERIN

Ich werde immer wieder gefragt, warum ich so kurz nach der Geburt meiner Kinder wieder gearbeitet habe und ob der Preis, den ich da bezahle, nicht zu hoch ist. Ich verstehe die Frage nicht ganz, da ich ja niemandem etwas zuleide tue, außer meiner Substanz. Ich habe einen großen Berufsstolz und liebe meine Arbeit. Bei Männern wird das immer ganz selbstverständlich hingenommen.

Gabriele Heinisch-Hosek

POLITIKERIN

In den vielen Jahren meiner frauenpolitischen Tätigkeit war meine Kinderlosigkeit hin und wieder Thema. Besonders dann, wenn frauen- und familienpolitische Inhalte vermischt wurden, z.B. in Interviews, auf Podien etc. Deshalb war für mich immer klar, dass Frauen- und Familienpolitik in jeder Debatte strikt getrennt gehören.

AM ROTEN TEPPICH

Robert Kratky trägt bei unserem Treffen einen grünen Pullover, blaue Jeans und weiße Schnürschuhe.

MEIN GRÖSSTER MODE-FAUXPAS
... war ein rosa Hemd, von dem ich dachte, es wäre beige.

DIÄTEN
... habe ich noch nie gemacht. Aber ich versuche schon, bewusst zu essen.

IN MEINEN HOSENTASCHEN HABE ICH
... immer ein Feuerzeug, ein Taschenmesser, Geld, Zigaretten und ein Smartphone.

OHNE KINDER
... fehlt mir nichts, und ich fühle mich definitiv als ganzer Mann.

POTENZPROBLEME SIND
... ernstzunehmende Probleme, die fast jeder Mann schon hatte.

MEINE PROBLEMZONEN
... sind im Grunde überall, aber am meisten am Bauch.

EIN SIXPACK
... würde ich mir sofort machen, wenn ich zaubern könnte.

ROBERT KRATKY

*Kein Joker,
Preis: Damen-Rasierer*

ROBERT KRATKY

Mit Kampfsport kenne ich mich nicht so aus, weiß aber, dass die Gegner meistens ähnlich schwer sind und dass Frauen in der Regel nicht gegen Männer antreten. Obwohl die Voraussetzungen bei diesem „Frauenfragen"-Kampf – ähem, -Gespräch – mit Robert Kratky also alles andere als fair sind, hole ich mir keine Prellungen oder Brüche. Auch die leichte Gehirnerschütterung, die wir uns beide zuziehen, ist halb so wild. Und mehr noch: Ich denke, wir werden sie sogar in guter Erinnerung behalten. Denn wenn das Gehirn, bildlich gesprochen, einmal kräftig durchgeschüttelt wird, können sich festgefahrene Denkmuster auflösen und Gedanken neu zusammensetzen. Schon in unserem Vorgespräch, das der Ö3-Wecker-Mann und ich auf Instagram führen, zeigt Kratky, dass er bereit für einen feministischen Infight ist. „Die Welt der jungen, erfolgreichen Kämpferinnen gegen Machos und dominante Männer braucht ein fittes Feindbild", schreibt er, nachdem ich ihn auf sein exzessives Fitnessprogramm anspreche, mit dem er seine über 80.000 Follower*innen regelmäßig unterhält. Sympathiepunkte erntet er damit bei mir nicht, auch wenn seiner Aussage ein Zwinker-Smiley folgt. Wie eine kurze Recherche im Internet zeigt, hat der 47-Jährige das Bild des Machos in den vergangenen Jahren regelrecht kultiviert. Für Schlagzeilen hat er vor allem mit seinen wechselnden Beziehungen gesorgt. „Was ist los mit dem Starmoderator?", fragte eine Zeitung 2015, als der gebürtige Salzburger innerhalb weniger Monate gleich vier neue Freundinnen hatte. „Zwischen Unsympathler und Triumphator", titelte ein anderes Magazin und beschreibt damit schön den Eindruck, den auch ich bisher von Kratky hatte.

Obwohl wir im selben Unternehmen arbeiten, sind wir uns bis zum heutigen Tag nur einmal begegnet: vor vielen Jahren auf einem Festival. Ich plauderte mit einem wichtigen Menschen aus der Musikbranche, Kratky kam grußlos dazu, unterbrach das Gespräch und würdigte mich keines Blickes. Damals stapfte ich mit gekränktem Ego davon. Heute, ein paar Jahre älter und ein paar Gramm Selbstvertrauen schwerer, würde ich ihn wahrscheinlich einfach zur Rede stellen. Als Kratky und ich uns also in meinem Podcast-Büro treffen, bin ich bereit zu kontern und nachzufragen. Gleich zu Beginn tasten wir uns verbal ab und tänzeln umeinander. „Du musst mit mir nicht sanft sein", sagt er, als ich ihm erkläre, welche Absichten ich mit meinen „Frauenfragen"-Gesprächen verfolge. Dass es mir nicht darum geht, Männer vorzuführen, sondern zu mehr Verständnis für die unterschiedlichen Lebensrealitäten beizutragen. Dass ich mir wünsche, dass meine Gäste diesen Raum, den einer meiner Interviewpartner unlängst als Therapiesitzungszimmer beschrieben hat, mit neuen Erkenntnissen und Sichtweisen verlassen und dass auch ich es schaffe, meine Vorurteile loszuwerden. Immerhin lebt es sich leichter, wenn man seinen Rucksack hin und wieder leert.

„Bist du also ein Macho?", will ich von Kratky wissen. „Eigentlich nicht", meint er. „Aber wenn mir jemand nachsagt, einer zu sein, verstehe ich es eher als Kompliment. Was ich sicher nicht bin, ist ein Softie – weder mir selbst noch anderen gegenüber." Damit legt Kratky sein Männerbild gleich mal auf den Tisch. Als er Ende der 1980er-Jahre als 16-Jähriger von zu Hause auszog und nach Wien ging, um in der Medienbranche zu arbeiten, wurden Sylvester Stallone und Bruce Willis im Kino als Actionhelden gefeiert. Sie waren meist wortkarg, emotionslos und übermenschlich stark. In der Werbung sah man lässige Cowboys Zigaretten rauchen.

Was ich sicher nicht bin, ist ein Softie.

Wann Kratky zu rauchen begonnen hat, weiß ich nicht. Heute jedenfalls ist Nikotin sein täglicher Begleiter, und auch sonst hat er sich von den Helden seiner Jugend einiges abgeschaut. „Michael Douglas hat im Film ‚Wall Street' gesagt: ‚Nur Idioten gehen Mittagessen', woraufhin ich mir abgewöhnt habe, Mittagessen zu gehen, obwohl ich immer hungrig bin. Generell hat mich dieses überzeichnete Bild des Mannes als Retter, der Ruhe bewahrt, wenn die Welt brennt, und immer stark ist, beeindruckt. Viele Jahrzehnte habe ich mir gewünscht, genauso zu sein. Das jetzt einfach abzulegen, ist natürlich schwierig."

Männliche Vorbilder im eigenen Umfeld hatte Kratky kaum, denn sein Vater starb, als er sechs Jahre alt war. Seine Mutter war mit ihm, seinem älteren Bruder und der Schwester daraufhin alleinerziehend, so wie derzeit jede zehnte Frau mit Kind in Österreich.[46] „Mein Vater hatte eine Firma und meine Mama war daheim. Von einem Tag auf den anderen war die Haupteinnahmequelle der Familie weg. Wenn mir, bei all meinen Defiziten, eines sicher nie gefehlt hat, war es das Wissen, dass Frauen, obwohl sie den Großteil der Arbeit und Verantwortung innerhalb einer Familie tragen, finanziell extrem benachteiligt sind."

Kratky erzählt, dass seine Mutter ihn nach dem frühen

Tod des Vaters überbehütet hat und er nicht einmal mit dem Fahrrad zur Schule fahren durfte. Als er davon spricht, fällt mir ein, dass ich mal in einem Buch[47] gelesen habe, dass das Fehlen des Vaters als wichtiges Rollenmodell bei Buben zu einer Art „Umweg-Identifikation" führen kann, also dazu, sich vermehrt von der Mutter und somit allen weiblichen Eigenschaften abzugrenzen. Als männlich gilt demnach alles, was nicht weiblich ist. Das, was ich bisher über Kratky medial und persönlich erfahren durfte, bestätigt diese These. Auch als ich ihm meine typisch weibliche Getränkeauswahl anbiete, lehnt er mit angewidertem Gesichtsausdruck ab. „Das passt nicht zu dem Bild, das ich von mir habe, dass ich hier sitze und Prosecco süffle. Ich mag schon das Wort nicht", sagt er und betont die zwei „C" demonstrativ abfällig. „Selbst wenn mir der Prosecco besser schmecken würde, würde ich trotzdem eher einen Whiskey mit ein bisschen Wasser und Eiswürfeln trinken." Schade, dass man etwas ablehnt, nur weil es nicht dem Geschlechterstereotyp entspricht, denke ich, während ich mir selbst ein Glas Schaumwein einschenke. Bei der ambitionierten Arbeit, die ich heute zu verrichten habe, kann ein wenig Alkohol zur Entspannung sicher nicht schaden. Ich schaue auf die Zettel, die vor mir liegen, auf denen eine Art Fahrplan für unser Gespräch notiert ist. „Vorstellungsrunde" steht da fett gedruckt und in Großbuchstaben. Ich beginne also damit, Robert Kratky vorzustellen – „Du bist fast 50 Jahre alt, also 47 ..." – und werde schon im ersten Satz von ihm unterbrochen. „Moment, entschuldige bitte, darf ich hier gleich einhaken?" Wie immer, wenn ihm etwas nicht gefällt, lacht Kratky laut auf, und es erinnert mich an Geräusche in Computerspielen, wenn man mit seiner Figur durch unbekanntes Terrain läuft und sicherheitshalber auf alles schießt, was sich bewegt. „Auch ich bin eitel genug und fürchte mich zu sehr vor dem Alter, um nicht Wert darauf zu legen, dass ich immer noch 47 bin. Das sind drei wahnsinnig lange Jahre." Unser Boxkampf fängt langsam an, sportlich zu werden. Schon beim nächsten Satz, als ich sage, dass Kratky seine Haare aufgestellt trägt, wie es Teenager gerne tun, jault er auf und meint: „Das wird ja immer besser. Ist das die Vorstellungsrunde oder das Ende?" Ich bin mir nicht sicher, ob er gleich aufstehen und das Interview, das im Grunde noch gar nicht richtig begonnen hat, abbrechen wird. Doch der Ö3-Moderator bleibt sitzen und stöhnt nur gequält. Während ich mich frage, ob er mit dem Altern ein ernsthaftes Problem hat, holt er zum Gegenschlag aus und macht sich über meine Spielregeln und selbst gebastelten Joker lustig. Kratky dreht die bunten Karten in seiner Hand hin und her und nennt sie „windige Joker, die auf ein paar Schmierzettel gekritzelt sind". Seit mir meine Kinder immer wieder vermitteln, dass ich weder singen noch sonderlich gut zeichnen kann, bringen mich solche Bemerkungen nicht mehr aus der Fassung. „Journalisten haben es mit mir sehr schwer, weil ich normalerweise, wenn ich ein Interview gebe, vorher abkläre, worüber wir nicht reden.

Vielleicht verlerne ich hier ja irgendetwas Wichtiges.

Mich auf ein Spiel einzulassen, bei dem ich mich verpflichte, alle Fragen zu beantworten, ist eine völlig neue Situation für mich. Da müsste ich schon sehr dringend reden wollen, um mitzumachen." Ich habe Kratky zwar live vor rund 2,5 Millionen Hörer*innen im Ö3-Wecker zu meinem Podcast eingeladen, aber er hätte der Einladung ja nicht folgen müssen. „Warum bist du denn gekommen, wenn du das alles so eigenartig findest?", hake ich also nach. So schnell wie die Antwort kommt, hat Kratky sich das offenbar vorher sehr gut überlegt. „Diese Thematik, um die es bei dir geht, ist für mich ein steter Lernprozess. Und lernen im Erwachsenenalter heißt ja meist, etwas verlernen. Also habe ich mir gedacht, vielleicht verlerne ich hier ja irgendetwas Wichtiges."

Mit dem Wunsch, Dinge zu verlernen oder dazuzulernen, haben Kratky und ich etwas gemeinsam. Denn das Bedürfnis, die Welt zu begreifen, treibt mich jeden Tag aufs Neue an und ist mit ein Grund dafür, warum ich meinen Podcast „Frauenfragen" gestartet habe. Indem ich Fragen stelle, lerne ich. Indem ich zuhöre, lerne ich. Und ich lerne auch, indem ich mich mit einem Thema intensiver auseinandersetze.

Zum Beispiel mit dem Altern. Schon im 17. Jahrhundert schrieb der Literat François de La Rochefoucauld: „Das Alter ist die Hölle der Frauen", und bis heute scheint es so, als hätten Frauen mit dem Älterwerden mehr zu kämpfen als Männer. Auch in Interviews mit Politikerinnen, Managerinnen oder Schauspielerinnen wird oft über das Alter gesprochen – entweder, weil die Frauen vermeintlich zu jung für etwas sind oder eben zu alt. Die amerikanische Essayistin Susan Sontag hat in den frühen 1970er-Jahren den Fachausdruck „doing aging" geprägt. Sprich, das Altern passiert nicht, sondern wird, genauso wie das Geschlecht, gemacht. Die deutsche Journalistin Bascha Mika geht sogar noch einen Schritt weiter und meint: „Das Alter ist eine Frau".[48] Denn in einer Welt, in der man Frauen, überspitzt formuliert, als Ware betrachtet, unterliegen sie eben auch Warenstandards und haben ein Haltbarkeitsdatum. Bei Männern hingegen hält man es eher wie mit einem guten Wein – je älter, desto besser. In fortgeschrittenem Alter gelten sie meist als erfahren, weise und attraktiv. Ganz selbstverständlich wird ihnen noch Verantwortung übertragen, und wenn sie sich weitaus jüngere Partnerinnen suchen, findet das niemand komisch. Selbst das Gründen einer Familie ist bei Männern mit weißen Haaren noch drin. Und so verwundert es nicht, dass auch Robert Kratky meint, er könne sich durchaus vorstellen, mit Anfang 50 noch Vater zu werden. „Zum jetzigen Zeitpunkt, solange ich diesen extrem fordernden Job mache, kommt ein Kind für mich nicht infrage. Aber sobald ich mit dem Ö3-Wecker aufhöre und mich eher in den Hintergrund des Medienbusiness begebe, könnte ein Kind schon noch Thema werden." Dass Männer einfach gemütlich Karriere machen und sich danach immer noch überlegen können, ob sie nicht doch auch eine Familie wollen, finde ich zutiefst unfair. Danke, Mutter Natur, für nix!

Überhaupt merke ich, dass ich ein bisschen neidisch auf Kratkys Lebenssituation bin. Während ich nämlich in den unzähligen Lockdowns der Corona-Pandemie meine Kinder tagsüber bekocht, beschult und bespaßt habe und meine Arbeitszeit in die Nachtstunden verlegen musste, hat der 47-Jährige in seinem individuellen Tempo weiter an seiner Karriere gearbeitet, ist mit seinem Boot auf der Donau herumgefahren und hat seinen Körper in der hauseigenen Fitnesskammer gestählt.

Ich weiß schon, ich wollte ein Leben mit Kindern, aber manchmal ist es echt mühsam. Hin und wieder passiert es, dass ich morgens vor meinem eigenen Spiegelbild erschrecke. Aber dunkle Augenringe und Falten sind nicht mein einziges Problem. Nach der Geburt von zwei Kindern frage ich mich, ob ich jemals wieder auf einem Trampolin hüpfen kann, ohne davor ein Beckenboden-Bootcamp absolvieren zu müssen. Von den kolossalen Auswirkungen, die das Stillen auf meinen Busen hatte, will ich gar nicht reden. Männer wie Kratky hingegen sinnieren darüber, wie sie sich am besten ein Sixpack wie Star-DJ David Guetta antrainieren können. Aber vielleicht ist ein Bierbauch für einen Mann genauso unangenehm wie Inkontinenz für eine Frau. Ich weiß es nicht. Was ich aber weiß, ist, dass ich mich gerade anhöre wie das volle Opfer. Wie eine frustrierte Alte, die Männern und der Welt an sich die Schuld für jegliche Unpässlichkeiten im Leben gibt. Ja, manchmal ist es tatsächlich leichter, schnell mal einen Schuldigen zu suchen, als über eine Lösung nachzudenken beziehungsweise Verantwortung zu übernehmen. Aber leichter heißt halt leider nicht besser. Und deshalb besinne ich mich wieder auf mein hehres Vorhaben und höre Kratky aufmerksam zu, wie er von seiner Karriere erzählt.

„Seit Jahren fürchte ich mich davor, dass ich aus der Nummer-1-Position verdrängt werden könnte. Denn es hat mich ja viel Energie, Verzicht und persönliches Investment gekostet, dorthin zu kommen. Natürlich habe ich da Angst, dass mir das jemand wegnimmt. Ich kämpfe deshalb jeden Tag darum, dass ich so gut bleibe und den Job auch verdiene. Und weil ich das schon so lange tue, ist diese Panik von früher, dass mich jemand überholen oder ablösen könnte, viel kleiner geworden." Das klingt anstrengend, sage ich und frage mich, ob einem im Leben nicht auch etwas fehlt, wenn man alles der Arbeit unterordnet. Wenn man einer Beziehung und einer Familie so gar keinen Platz einräumt. „Ich denke, es ist eine Entscheidung, die man treffen muss. Ich habe ganz klar Prioritäten gesetzt, an die ich mich rigoros halte", meint der Ö3-Wecker-Mann. „Zuerst kommt mein Beruf, dann kommt lange nichts, dann komme ich und dann kommt ebenfalls lange nichts, und dann kommt das Beziehungsleben." Kratky ist realistisch genug, um zu wissen, dass sich neben seinem intensiven Job nicht viel ausgeht, schon gar keine Familie mit Kindern, in der man als Vater gleichberechtigt teilhaben möchte. Vielleicht ist sein Weg im Grunde der ehrlichere, weil er nicht versucht, alles unter einen Hut zu bringen und familiäre Pflichten auf eine Partnerin abzuwälzen. Vielleicht sollten es alle Menschen so halten, die Karriere machen wollen. Es ist jedenfalls ein radikaler Gedanke, über den es sich noch weiter nachzudenken lohnt.

Weil wir für meinen Geschmack noch ein bisschen zu wenig übers Altern gesprochen haben, frage ich den 47-Jährigen, wie es ihm denn nun damit geht, bald 50 Jahre alt zu werden. „Nicht gut. Das Älterwerden ist sicher eines der größten Themen in meinem Leben", sagt Kratky offen. „Zum einen arbeite in einem Job, der sich in der Ansprache an ein junges Publikum richtet. Zum anderen macht es einfach keinen Spaß, wenn man merkt, dass man einen gewissen Zenit überschritten hat." Das Alter kann also offenbar auch für Männer die Hölle sein, lieber Herr de La Rochefoucauld. Da hat sich in den letzten 100 Jahren wohl einiges verändert, denn der deutsche Sozialwissenschaftler Eckart Hammer schreibt in seinem Buch über Männer der Generation 50+ sogar: „Das Alter ist die größte Kränkung des Mannes".[49] Mit seinen Gedanken zum Älterwerden bestätigt Kratky diese These. „Ich lebe gerne wild und ereignisreich, und das verlangt viel Kraft. Wenn man erkennt, dass sich diese langsam erschöpft, ist das nicht lustig. Ich bin ja auch medizinisch im gefährlichsten Alter, weil der Kopf noch glaubt, ich bin 30, der Körper aber schon auf die 50 zugeht." Jetzt hat er die magische Zahl doch in den Mund genommen, denke ich, und im selben Atemzug sagt Kratky schmunzelnd: „Wenn ich es selbst sage, tut es nicht so weh." Eckart Hammer schreibt in seinem Buch übrigens auch, dass Älterwerden nicht nur körperliche, sondern auch seelische Krisen mit sich bringt. Und auch davon erzählt mir der Ö3-Moderator offen. Unbewusst lehne ich mich in meinem Bürosessel zurück. Das erste Mal in unserem Gespräch habe ich das Gefühl, mich zu entspannen. Vielleicht ist es die Wirkung des

Proseccos, die langsam einsetzt, wahrscheinlich liegt es aber eher daran, dass Kratky und ich die Box-Arena verlassen haben. Der Schlagabtausch ist einem respektvollen Gespräch gewichen. Anscheinend haben wir einander bewiesen, dass wir gleichwertige Gegner sind und auf Augenhöhe kommunizieren. Kratky lacht jetzt viel weniger als zu Beginn, er macht viel mehr Pausen und seine Stimme ist ruhig und klar. „An meinem 47. Geburtstag bin mit einem Glas Champagner vor meiner Geburtstagstorte gesessen. Eigentlich war alles bestens, doch auf einmal kamen Dinge meines Lebens auf mich zu, von denen ich dachte, dass sie schon längst erledigt seien. Es war wie bei der Muppet Show,

Das Älterwerden ist sicher eines der größten Themen in meinem Leben.

wenn die plüschigen Monster am Schluss so reinwackeln. Auf einmal wurde alles zu viel." Die Folge: ein Burnout. Ich habe den Eindruck, Kratky fällt es nicht leicht, darüber zu sprechen, gleichzeitig scheint es ihm aber extrem wichtig zu sein. Ich vermute, dass das etwas mit dem Verlernen zu tun hat, von dem er zu Beginn unseres Treffens gesprochen hat. Vielleicht hat er erkannt, dass ihm das „Bad Boy"-Image, das er jahrelang für sich in Anspruch genommen hat, doch nicht ganz entspricht. Dass es ihn sogar krank macht. Etwas sein zu wollen, das man nicht ist, ist wahnsinnig mühsam. Sich in Stereotype hineinzuzwängen, erfordert Kraft. Und, wie Kratky selbst gesagt hat, schwindet diese mit dem Alter und man sollte sich noch genauer fragen, was man im Leben wirklich will. „Die Konsequenz aus meinem Burnout war, zu sagen: Entweder investiere ich meine Kraft weiterhin in die Dinge, die mich umgeben, oder ich investiere sie ein einziges Mal in mich. Um es zu schaffen, gesünder zu leben, den Körper zu bekommen, den ich

immer haben wollte, und generell mein Leben zu ändern."
„Was müsstest du an dir denn ändern, damit du gleichberechtigter bist?", will ich gegen Ende unseres Gesprächs noch wissen. Während es, wenn er über seinen Job oder sein Fitnessprogramm spricht, nur so aus ihm heraussprudelt, denkt er jetzt lange nach. Gleichberechtigung ist ein Thema, das im Leben von Robert Kratky bisher offenbar keinen allzu großen Stellenwert hatte. Er ist, wie eine interne Untersuchung bei Ö3 ergeben hat, zwar der Moderator, der am konsequentesten gendergerechte Sprache verwendet, aber Aspekte wie eine Frauenquote oder was Kinder in den ersten Jahren brauchen, sind trotzdem Neuland für ihn. „Ich müsste mich wahrscheinlich mehr mit ,Frauenfragen' beschäftigen und versuchen, meine Perspektive zu verfeinern. Das war auch einer der Gründe, warum ich gesagt habe, ich würde gerne herkommen. Ich will mir auf keinen Fall nachsagen lassen, dass ich zu faul gewesen bin, etwas Neues zu lernen und offen zu sein. Aber mein innerstes Selbst zu verleugnen und so zu tun, als wäre ich nicht so aufgewachsen, wie ich bin, nur damit ich in der Gesellschaft bestehe, das wird es bei mir nicht spielen."

Plötzlich kracht es in meinen Kopfhörern und dann höre ich nichts mehr. Nicht, weil das, was Kratky gesagt hat, so schrecklich war und ich deshalb mit einem Mal taub geworden bin, sondern weil mein Mikrofon den Geist aufgegeben hat. Ich kontrolliere die Anschlüsse und tausche die Batterien, aber es nützt nichts. „Was sollen wir denn jetzt machen?", frage ich leicht verzweifelt und Kratky bietet mir, ganz in der Manier seiner Jugendhelden, Hilfe an. Ich komme mir vor wie in einem typischen Hollywoodfilm, in dem Frauen meist als hilflose Geschöpfe dargestellt werden, die von einem Mann heldenhaft gerettet werden. Kratky versucht tatsächlich zu retten, was zu retten ist. Aber auch er schafft es nicht, das Mikrofon wiederzubeleben. Ich nehme nochmal einen kräftigen Schluck von meinem Prosecco und beschließe, mit nur einem Mikro weiterzumachen. Immerhin sind wir beide ja Radio-Profis und kriegen das bestimmt auch so hin. Viel zu sagen gibt es im Grunde eh nicht mehr. Und so frage ich Kratky zum Schluss nur noch, ob er sich aus unserem Gespräch irgendetwas mitnehmen wird. Ob ihn irgendetwas überrascht hat. „Es war nichts dabei, wo ich jetzt einen völlig anderen Blickwinkel einnehmen müsste. Ich muss sagen, es hat mir wirklich Spaß gemacht, und ich freue mich ja immer, wenn jemand etwas von mir wissen will. Da fühle ich mich wertig." Wieder gibt Kratky eine sehr ehrliche, klare Antwort, die das Bild, das ich eingangs von ihm hatte, nicht bestätigt. Wie so oft in diesen „Frauenfragen"-Interviews hat mir auch Robert Kratky bewiesen, dass es sich lohnt, miteinander zu reden und zuzuhören, um Vorurteile abzubauen und sich ein wenig anzunähern. Gut, bei allen Themen hat es nicht geklappt, denn was den Prosecco betrifft, bleibt Kratky unbeugsam. „Das ist und bleibt für mich einfach ein Frauengetränk." Und so trinke ich den letzten Rest eben alleine aus und freue mich über das duselige Gefühl und ein versöhnliches Ende ohne Schrammen und Blutergüsse.

Ursula Strauss
SCHAUSPIELERIN

„Hast du Kinder?" Nein. „Willst du Kinder?" Ja. „Warum hast du keine?" Jahrelang habe ich darauf brav geantwortet. Ich habe mich gerechtfertigt und darüber geärgert, dass Männer so gut wie nie mit dieser Frage konfrontiert werden. Ich habe mir anhören müssen, dass mir die Karriere wichtiger sei, und andere Dinge. Aber nein, ich kann einfach keine Kinder kriegen. Und ja, das tut weh. Aber im Grunde geht das auch niemanden etwas an.

Elfriede Hammerl
JOURNALISTIN, SCHRIFTSTELLERIN

Eine Frage, die ich als junge Frau noch häufig erdulden musste: „Frau oder Fräulein?" Sollte heißen: „Haben Sie schon einen Ehemann, der Sie zu einem vollwertigen Mitglied der Gesellschaft macht, oder sind Sie noch auf der Suche?" Inzwischen ist das Fräulein abgeschafft. Wenigstens. Aber wird Single-Frauen nicht immer noch unterstellt, dass sie defizitär durchs Leben gehen, während Single-Männer tolle Kerle sind?

Susanne Riess

MANAGERIN

Die Frage nach dem Kinderwunsch bzw. warum ich keine Kinder habe, hat mich meine ganze Karriere lang begleitet. Anfangs habe ich noch höflich versucht, darauf zu antworten. Nachdem ich aber festgestellt habe, dass meinen männlichen, kinderlosen Kollegen diese Frage, meiner Wahrnehmung nach, nie gestellt wurde, habe ich mich geweigert, eine Antwort zu geben. In den Kommentaren schlug sich das dann immer in so Bemerkungen wie „den Kinderwunsch der Karriere geopfert" etc. nieder.

AM ROTEN TEPPICH

Matthias Strolz ist bei unserem Treffen ganz in Schwarz gekleidet. Er trägt einen Pullover mit V-Ausschnitt, ein Sakko, Jeans und dazu Leder-Sneakers.

MEIN KÖRPER
... war für mich immer ein Arbeitsinstrument. Ich lerne gerade erst, dass ich mich um ihn kümmern muss.

FIT HALTE ICH MICH
... mit Hot Yoga und ausgedehnten Wanderungen mit meiner Frau.

SCHÖNHEITSOPERATIONEN
... Mannomann, wo fange ich an? Derzeit stehen sie jedenfalls (noch?) nicht am Plan.

UNTEN DRUNTER TRAGE ICH
... nachts Boxershorts, ansonsten Slips.

DIE VEREINBARKEIT VON KINDERN UND KARRIERE
... ist einerseits die pralle Lebendigkeit und andererseits eine tägliche Challenge.

MATTHIAS
STROLZ

Kein Joker,
Preis: Badesalz

MATTHIAS STROLZ

Als ich mich morgens auf den Weg zu einem Treffen mit Matthias Strolz mache, steckt mir die Müdigkeit noch in den Knochen. Es ist Montag, acht Uhr dreißig. Obwohl Strolz vor drei Jahren aus der Spitzenpolitik ausgestiegen ist, ist sein Terminkalender immer noch dicht gefüllt. Mir bleibt also nichts anderes übrig, als diesen Kickstart in Kauf zu nehmen. Wir treffen uns im Atelier seiner Frau Irene Strolz-Taferner, in dem der 47-Jährige sein Büro hat. Als ich an der Tür des unscheinbaren Wohnblocks läute und noch einmal ungeniert gähne, ahne ich noch nicht, dass die Müdigkeit sehr bald von mir abfallen wird. Einerseits, weil Strolz eine unglaubliche Energie versprüht, die sich automatisch auf mich überträgt, und andererseits, weil wir in kürzester Zeit bei Themen wie Geburtsschmerzen und dem weiblichen Orgasmus landen werden. Und das hat definitiv mehr Weckkraft als ein doppelter Espresso. Der Mitbegründer der liberalen Oppositionspartei NEOS ist ja bekannt für Überraschungen. Auch sein Rücktritt als Klubobmann der Pinken im Jahr 2018 kam für die meisten äußerst unerwartet. Viel mehr noch als der Rücktritt hat mich aber die Begründung dazu überrascht. Denn Strolz sagte in seiner Abschiedsrede: „Ich freue mich auf die neue Lebensphase und darauf, mehr Zeit für meine Familie und meine Töchter zu haben".[50] Das hat mich einerseits beeindruckt, andererseits aber auch stutzig gemacht. Welcher klassische Mann verzichtet schon wegen seiner Familie auf die große Karriere? Ist Matthias Strolz in Bezug auf seine Männlichkeit aus einem speziellen Holz geschnitzt? Oder ist er einfach nur ein cleverer PR-Stratege? Unter anderem das will ich heute herausfinden.

„Warum, glaubst du, haben so viele an deinen Beweggründen gezweifelt?", möchte ich zum Einstieg wissen. Strolz und ich sitzen uns in einer kleinen Einbauküche in einem Eck des Ateliers gegenüber. Abstrakte Gemälde hängen an den Wänden. Im ganzen Raum sind Farbkübel und -tuben verteilt. Vor dem Herd steht ein Flipchart. Ehe ich noch darüber nachdenken kann, wo genau hier Strolz' Büro sein könnte oder ob er tatsächlich in der Küche arbeitet, legt er los: „Wir Menschen zweifeln ja immer wieder. Tatsächlich ist und war die Familie der Hauptgrund dafür, dass ich die Reißleine gezogen habe. Das sehe ich jetzt sogar noch deutlicher. Die Familie hätte wirklich Schaden genommen und die Ehe auch, oder wahrscheinlich in der umgekehrten Reihenfolge. Ich wäre heute, glaube ich, nicht mehr verheiratet." Strolz ist seit über 15 Jahren mit der freischaffenden Künstlerin Irene Strolz-Taferner verheiratet und hat mit ihr drei Töchter im schulpflichtigen

Ich wäre heute, glaube ich, nicht mehr verheiratet.

Alter. Während sich seine Frau in den Anfangsjahren vorrangig um den Haushalt und die Kinder gekümmert hat, hat er sich 2012 der Gründung einer politischen Partei gewidmet. Die Kinder waren damals gerade mal zwei, vier und sechs Jahre alt. Strolz, der auf einem Bergbauernhof in Vorarlberg aufgewachsen ist, und seine Frau, die aus Salzburg stammt, hatten somit keine Eltern oder sonstigen Familienangehörigen, die ihnen bei der Kinderbetreuung unter die Arme greifen konnten. Und wer Kinder hat, weiß, wie intensiv vor allem die ersten Jahre sind. Die Phasen, in denen man die Kleinen keine Sekunde aus den Augen lassen kann, weil sie sich ständig in Lebensgefahr begeben. Das Hin- und Herjonglieren zwischen den unterschiedlichen Bedürfnissen, der permanente Schlafmangel und das nicht enden wollende Chaos in der Wohnung. Das alles zu managen, kostet verdammt viel Kraft, und so war auch in der Familie Strolz-Taferner absehbar, dass sich das auf Dauer für eine Person alleine nicht ausgeht. „Meine Frau, die von ihrer Berufung her ganz in der Mutterrolle aufging, war lange Zeit sehr glücklich mit diesem Fokus auf den kleinen Kosmos. In den letzten Jahren hat sich das aber verschoben, und sie wollte stärker raus aus der familiären Fokussierung. Also musste ich stärker einrücken." Ich nicke noch ein wenig verschlafen und ahne schon, dass ich heute ganz besonders gefordert sein werde. Denn Strolz neigt dazu, von einem Thema zum nächsten zu springen, und ich muss aufpassen, dass ich dadurch meinen Schwerpunkt, die klassischen „Frauenfragen", nicht aus dem Blick verliere.

Um nicht abzuschweifen, mache ich einen großen Schluck von meinem „Frauenpower"-Tee, den ich natürlich auch zu diesem Gespräch mitgebracht habe, und erkläre die Spielregeln und die Joker. „Ah, das gefällt mir. Ich gehe sofort zum Kopierer und mache mir noch mehr davon", sagt Strolz, als ich meine drei selbst gebastelten Hilfsmittel vor ihn hinlege. Auch wenn er die Idee der Joker gut findet, bin ich mir sicher, dass er keinen davon einsetzen wird. Einerseits, weil der ehemalige Politiker dafür bekannt ist, auch in der Öffentlichkeit locker über Tabuthemen und Intimitäten zu sprechen, und andererseits, weil klassische „Frauenfragen" für Männer offenbar gar nicht so unangenehm sind, wie ich ursprünglich gedacht habe.

Vielleicht liegt es aber auch am Setting, das ja die Überschrift trägt: „Achtung, jetzt kommen ganz blöde, klischeehafte Fragen." Wenn ein Politiker in einem herkömmlichen Interview statt zum Parteiprogramm hauptsächlich zu seiner Körperpflege oder der Betreuungssituation seiner Kinder befragt würde, gäbe es wahrscheinlich andere Reaktionen als von meinen Gesprächspartnern bisher.

Strolz hat offenbar große Lust aufs Spielen bekommen, denn er wetzt jetzt aufgeregt in seinem Sessel hin und her. Also beginne ich mit meinen Rote-Teppich-Fragen und bitte, wie immer an dieser Stelle, um kurze Antworten. Selbstreflektiert und etwas belustigt meint Strolz: „Ja, das ist genau meine Stärke." Wir reden also über seinen Körper und wie er sich fit hält, und er erzählt von seinem Bandscheibenvorfall und dass er keinen Bauch bekommen möchte. Und darüber, dass er in den vergangenen Jahren viel zu wenig auf sich geachtet hat. „Ich war halt der Streichposten, weil ich mit mir selbst am schnellsten verhandeln kann." Als ich von ihm wissen möchte, ob er nicht manchmal Angst hat, sein maskuliner Dreitagebart könnte seine Leistungen überschatten, lacht Strolz laut auf. Mit dieser Frage, die natürlich einen Hintergrund hat, hat er offenbar nicht gerechnet. Im beruflichen Kontext wird Frauen ja gerne erklärt, dass sie zu weiblich, zu sexy oder zu schön seien. Aussagen wie: „Wow, dein Chef hat neben dir sicher Konzentrationsschwierigkeiten", oder „Na, heute hast du dich aber wieder hübsch gemacht", sind keine Seltenheit. Nur, was soll man bitte machen, wenn man lange Beine, blonde Haare und einen wohlgeformten Po hat? In einem Kartoffelsack herumlaufen, nur damit ja kein Mann auf die Idee kommt, man könnte ein potenzielles Objekt seiner sexuellen Begierde sein? Sicher nicht. Wie fühlt es sich also für einen Mann an, wenn er darauf hingewiesen wird, dass sein klassisch männlicher Bart im Berufsumfeld hinderlich sein könnte? Offenbar nicht angenehm, denn Strolz sagt jetzt betont übertrieben: „Yeah! Du solltest meinen Brusthaargürtel sehen, bist du deppert. Nächste Frage!" „Du kannst gerne einen Joker einsetzen", erinnere ich ihn an die Spielregeln, doch er wehrt ab und sagt: „Nein, ich habe die Frage beantwortet. Aber es freut mich, dass du meinen Dreitagebart männlich findest." Na gut, ich bin ja nicht hier, um Männer zu quälen, sondern um einen versöhnlichen Dialog zwischen den Geschlechtern zu führen, also belasse ich es dabei. Wobei die nächste Frage ähnlich pikant ist. „Welche Unterhosen trägst du eigentlich?", will ich vom ehemaligen Politiker wissen. Auch das ist keine Frage, die ich mir aufgrund irgendeines absurden Fetisches ausgedacht habe, sondern die der Lebensrealität von Frauen entstammt. So wurde etwa Hollywood-Schauspielerin Scarlett Johansson, die im Superheldenfilm „Marvel's The Avengers" ein hautenges Kostüm trägt, gefragt, ob sie darunter eine Unterhose anhabe. Ich kann mich nicht daran erinnern, dass ein Mann jemals nach seiner Unterwäsche gefragt wurde – selbst dann nicht, wenn er ganz offensichtlich keine trägt, wie etwa ein Skispringer oder Surfer im Neoprenanzug. Obwohl, jetzt, wo ich darüber nachdenke, bin ich mir da gar nicht mehr so sicher. Plötzlich habe ich interessante Bilder im Kopf, die Strolz mit seiner Antwort noch weiter befeuert. „Freunde der Freiheit tragen nachts Boxershorts. Ansonsten trage ich Slips, denn ich bin ja kein ‚Free Floater'. Ich verstehe auch nicht, wie Leute das aushalten. Außer im Urlaub in der Pyjamahose ..." Wie der Satz weitergegangen wäre, werde ich nie erfahren, da ich Strolz etwas ruppig unterbreche. „Na, du musst dich schon

Es freut mich, dass du meinen Dreitagebart männlich findest.

entscheiden", meint er, als ich erkläre, dass ich gar nicht so genau über seine Intimbekleidung Bescheid wissen will. Komplett in einem Thema versinken zu können, ist eine Eigenheit des ehemaligen Spitzenpolitikers. Im National- rat redete er sich bei Bildungsthemen oder der Sparpolitik der Regierung oft in Rage und kassierte dafür den einen oder anderen Ordnungsruf. In den Medien erzählte er aus- führlich über seine Fastenerfahrungen in einem Kloster oder von seiner Liebe zu Bäumen. „Ich glaube, es gibt viele Menschen, die mich nicht ganz ernst nehmen, die mich in das Eck des Bäume-Umarmers, des Fantasten und Naiv- lings stecken. Aber die negativen Zuschreibungen kamen insgesamt häufiger von Männern. Frauen haben da offen- bar mehr Empathie oder sind von ihrer Grundtonalität nicht so aggressiv." Wie selbstverständlich schreibt Strolz Frauen und Männern bestimmte Eigenschaften zu. Man kennt das ja aus dem Alltag. Sätze wie „Typisch Frau!" oder „Typisch Mann!" fallen ständig. Egal, ob es ums Einparken, ums Regale-an-die-Wand-Schrauben oder um die Ge- fühlsebene geht. Im Prinzip ist das ja auch gar nicht wei- ter schlimm. Blöd wird es nur, wenn sich aufgrund dieses Schubladendenkens Frauen und Männer nicht individuell entfalten können und glauben, bestimmten Geschlechter- klischees entsprechen zu müssen. Wahrscheinlich passiert das häufiger, als wir denken.

Wie sehen eigentlich die Rollenbilder in der Familie Strolz- Taferner aus? Als Strolz Parteivorsitzender der NEOS war, hat sich, wie gesagt, vorrangig seine Frau um die Fami- lienarbeit gekümmert. Hat sich das durch seinen Ausstieg aus der Politik eigentlich verändert? „Na ja, ich bin schon auch ein Gschaftlhuber"[51], meint der 47-Jährige, der derzeit als Autor, Unternehmer und Wachstumsbegleiter tätig ist. „Ich bin ein impact entrepreneur. Ich will Wirkung erzie- len und im großen Weingarten Gottes Hand anlegen. Da

muss ich dann auch immer wieder raus aus der Familie."
Mir fällt auf, dass Strolz sehr oft vom Rausgehen spricht,
von Freiheit und seiner Unabhängigkeit. Aber wie sehr ist
er denn nun in die Familie hineingegangen? Wie intensiv
engagiert er sich zu Hause, und wie lebt er seine Rolle als
Vater? Wie bei seinen öffentlichen Auftritten spricht Strolz
auch jetzt mit ausladender Gestik. Er wird mal lauter, mal
leiser und lässt in jedem seiner Worte große Emotionalität
spüren. Vielleicht liegt es an der kulturarmen Corona-Zeit
und den vielen Lockdowns, aber ich genieße dieses Pathos
regelrecht und fühle mich ein bisschen wie in der ersten
Reihe im Theater. „Ich bin zeitlich mehr da. D.h. ich versuche in der Regel an den Wochenenden keine Termine
anzunehmen und am Abend vermehrt zu Hause zu sein.
Unter der Woche mache ich einen Papa-Tag, an dem ich
von früh bis spät für alles verantwortlich bin, auch fürs
Kochen. Ab und an bin ich sehr abgelenkt durch berufliche
Dinge. Da kam mitunter auch Kritik von meiner Frau. Aber
mir ist schon wichtig, dass sie auch akzeptiert, dass ich
es so mache, wie ich es eben mache." Wahrscheinlich ist
es gar nicht so einfach, ein Familiensystem, das sich über
Jahre eingespielt hat, von heute auf morgen zu verändern.
Ich kann mich noch gut daran erinnern, wie es war, als
mein erstes Karenzjahr vorbei war und mein Mann und
ich uns neu organisieren mussten. Natürlich war ich anfangs der Meinung, dass die Art und Weise, wie ich den
Geschirrspüler einräume, Spaghetti Bolognese koche und
den Nachmittagsschlaf für unser Kind vorbereite, die einzig richtige ist. Die Verantwortung auch einmal abzugeben
und meinen Mann stärker in die Pflicht zu nehmen, war
ein harter Lernprozess. Viele schlaflose Nächte und Mei-
nungsverschiedenheiten später weiß ich jedenfalls, dass
die Welt nicht untergeht, wenn in der Bolognese-Sauce
mal Koriander statt Petersilie ist. Für echte Arbeitsteilung

und Entlastung muss man solche Kinkerlitzchen nun mal in Kauf nehmen.

„Ich muss schon darauf achtgeben, dass ich mich an meinen Papa-Tagen selbst nicht zu wichtig nehme", erzählt Strolz weiter. „Meine Frau kann da viel besser den Fokus halten. Diese Qualität, die sie hier hat, in der sie mir eindeutig überlegen ist, schätze und liebe ich sehr. Ich bringe halt einen anderen Aspekt ein, nämlich: Hallo, da draußen gibt es die Welt. Das ist sicher auch mehr die männliche Energie."

Und damit sind wir wieder bei den Unterschieden zwischen Frauen und Männern, die Strolz nun schon ein paar Mal aufs Tapet gebracht hat. Er argumentiert dabei ähnlich, wie man es vom Yin-Yang-Prinzip aus der chinesischen Philosophie kennt. „Die weibliche Energie ist kümmernder und tragender. Die männliche ist mehr push und auch physischer." Ich habe mich bisher nur sehr oberflächlich mit diesen Prinzipien beschäftigt. Aber solange davon ausgegangen wird, dass alle Menschen beide Energien in sich tragen und weder die männliche noch die weibliche besser ist, kann ich dieser Form des Dualismus einiges abgewinnen. „Manchmal zeige ich diese männliche Energie auch durch Aggressivität. Im Sinne von: Ich bin ein Mann. In mir wohnen 1000 Jahre Krieg." Strolz macht jetzt eigenartige Urlaute und knurrt wie ein hungriger Hund, dem man das Fleisch vor der Nase weggeschnappt hat. Und während er sich noch wie Tarzan mit der Faust auf die Brust schlägt,

Unter der Woche mache ich einen Papa-Tag, an dem ich von früh bis spät für alles verantwortlich bin.

sagt er: „Aber natürlich habe ich das jetzt auch mit meiner Familientherapeutin besprochen und gemerkt, dass das eine seltsame Form der Männlichkeit ist."

Die Frage, was einen Mann zum Mann macht, dürfte Strolz stark beschäftigen. 2019 hat er dazu auch eine TV-Dokumentation gemacht. Dafür hat er ein Bootcamp namens „Men in the woods" besucht, bei dem er mit anderen Männern am Boden gerangelt, getrommelt und Übungen für den Hodenmuskel gemacht hat. „Das war die polarisierendste Sendung, die ich je gemacht habe", erzählt er. „Für die Generation unserer Väter ist es offenbar unerträglich, den Mann in seiner Gesamtheit infrage zu stellen. Aber Mannsein hat doch tausend Facetten, und ich kann so Mann sein und ich kann es anders sein. Deshalb bin ich übrigens auch für einen Feiertag für uns Männer." Das dürfte

Es ist auch nicht einfach, Mann zu sein.

sich nicht nur Strolz wünschen, denn der „Internationale Männertag"[52] wurde 1999 tatsächlich eingeführt. Er soll dazu beitragen, das Verhältnis der Geschlechter zu verbessern, männliche Vorbilder hervorzuheben und das Bewusstsein der Männer für Gesundheit zu wecken. Schließlich sterben sie im Durchschnitt um vier Jahre früher als Frauen.[53] Im Jahr 2000 wurde dann sicherheitshalber gleich noch ein Männerfeiertag eingeführt, bei dem es im Grunde um genau dasselbe geht, nur dass er eben „Weltmännertag" heißt. Um ja nicht Gefahr zu laufen, dass Männer auch nur ansatzweise zur kurz kommen! Und damit die Welt nicht nur ein bisschen, sondern zu 100 Prozent gleichberechtigt wird, gibt es an diesen Testosteronfeiertagen sicher auch bald Gratis-Einwegrasierer oder Motorräder zum halben Preis.

„Es ist auch nicht einfach, Mann zu sein", sagt Strolz plötzlich. „Diese ganze feministische Geschichte geht mir ab und zu auch einfach auf die Nerven. Natürlich ist das alles berechtigt, und es ist noch viel zu tun. Aber ab und zu gibt es Momente, wo ich sage: Scheiß drauf. Auch wir Männer haben und hatten es nicht leicht. Zu keinem Zeitpunkt, und gerade in diesen Jahren nicht, wo wir die Rache für 1000 Jahre Patriarchat spüren." Das klingt jetzt aber schon ein bisschen nach Opfer, denke ich. Diese Haltung kenne ich aus zahlreichen Diskussionen mit Männern im Bekanntenkreis. Natürlich haben sie es in vielen Bereichen des Lebens auch schwer. Aber Männer verdienen immer noch mehr als Frauen, sind seltener von Altersarmut bedroht, erleben seltener sexuelle Gewalt und werden selbst beim Arzt/der Ärztin oder im Krankenhaus besser behandelt.[54] Das sind nur ein paar Punkte, die mir spontan dazu einfallen. Die Liste ließe sich noch ganz einfach um einiges erweitern. Ich merke, dass mich Strolz' Grant ein bisschen angesteckt hat. Am liebsten würde ich jetzt auch „Scheiß drauf" rufen und sagen, dass mir diese leidigen Diskussionen rund um Geschlechtergerechtigkeit echt auf die Nerven gehen. Weil ich in diesen „Frauenfragen"-Gesprächen aber eben nicht auf Männer hinhauen möchte, sondern in ihre Lebensrealitäten hineinspüren will, frage ich Strolz stattdessen, in welchen Bereichen er denn meint, es wirklich schwer zu haben. „Ab und zu war ich mit meiner Sexualität überfordert", sagt er geradeheraus. „Dass du als Mann jedem Rock nachschauen musst, das zipft mich an. Gleichzeitig ist es eine Quelle meiner Lebendigkeit." Und dann holt er zu einem Loblied über das Frausein generell aus. Er bewundere die Körperlichkeit, Anmut und die Schönheit von Frauen und würde manchmal auch gerne so kokettieren können wie sie, meint er. „Dass es Frauen zum Beispiel in der Politik schwerer haben, halte ich für groben Bullshit. In Zeiten wie diesen, wo alle händeringend Frauen suchen, haben sie es viel leichter. Wenn eine Frau die weiblichen Waffen einsetzt, um zu kommunizieren, etwa mit High Heels in einen Raum kommt, hat sie die Gewissheit, dass bei 80 Prozent der Männer 50 Prozent ihres Arbeitsspeichers in der ersten halben Stunde völlig mit der Verarbeitung dieses Phänomens besetzt sind. Als Frau kannst du damit spielen. Und es soll jetzt niemand sagen, das machen Frauen nicht." Ich merke an, dass Frauen, nur weil sie Zugang zu manchen Bereichen der Gesellschaft haben, noch lange nicht die Macht haben, und dass die einflussreichsten Frauen der Welt eben nicht in dieses Femme-Fatale-Schema passen. Oder hat schon jemand Angela Merkel oder Christine Lagarde, die Präsidentin der Europäischen Zentralbank, in einem aufreizenden Minikleid und High Heels gesehen? Frauen, die ihr gutes Aussehen und ihre Weiblichkeit betonen, dürfen gerne Sekretärinnen sein, nicht aber Chefinnen von Staaten oder großen Institutionen. Diesbezüglich gibt mir Strolz recht und erklärt mir dann weiter, was er an Frauen toll findet. „Wow, ihr könnt Kinder gebären. Das können wir Männer nicht, oder noch nicht. Darauf bin ich schon ein bisschen neidisch, und ab und zu bin ich froh, dass es weh tut, weil das den Umstand kompensiert, dass ich nicht darf." Matthias Strolz bewundert Frauen also, weil sie Kinder zur Welt bringen können. Dass man darauf neidisch sein kann, war mir bisher nicht bewusst, und darüber werde ich wohl noch ein bisschen länger nachdenken. Genauso wie über die Aussage, dass es Männern einmal möglich sein könnte, Kinder auszutragen.[55] Das hätte nämlich einen erheblichen Einfluss auf die innerfamiliäre Arbeitsteilung, berufliche Chancen und dergleichen. Ein Thema, mit dem ich mich jedoch schon sehr intensiv auseinandergesetzt habe, ist der Geburtsschmerz, und davon erzähle ich Strolz jetzt auch. Dass Gebären eben nicht per se ein qualvoller Akt sein muss und dass es sogar Frauen gibt, die berichten, bei der Entbindung einen Orgasmus gehabt zu haben. Strolz schaut mich jetzt mit einem verträumten Blick an und sagt: „Wow. Ich finde übrigens auch den weiblichen Orgasmus großartig." Und dann holt er ein letztes Mal zu einer theatralischen Vorführung aus. „Vielleicht bin ich ja noch nicht am Ende meiner Fahnenstange angekommen, aber ich finde, der männliche Orgasmus ist so zielstrebig, abschießen, ich will etwas loswerden." Dabei ruft er laut „Uaaaaaah", und ich muss schon wieder an Tarzan, den Mann aus dem Dschungel, denken. Wenn von der Decke plötzlich eine Liane herabkäme und Strolz sich auf dieser durch die Einbauküche schwingen würde, wäre ich auch nicht überrascht. Tarzan und der Orgasmus. Wie sind wir nur bei all dem gelandet? Um die Chance nicht ungenutzt zu lassen, weise ich ein letztes Mal auf die Joker hin, die immer noch unberührt vor Strolz auf dem Esstisch liegen. „Nein, Joker brauchen wir nicht, wir sind hemmungslos. Außerdem will ich ja den Preis gewinnen. Ich bin ein Mann", sagt er völlig euphorisiert. Und zum Thema Orgasmus fügt er noch hinzu: „Der weibliche hat etwas Fülligeres, etwas Weltumarmenderes. Ah, es gibt, wenn ich so nachdenke, viele Gründe, warum ich gerne einmal eine Frau wäre."

Ah, es gibt viele Gründe, warum ich gerne einmal eine Frau wäre.

Wir könnten ja einmal tauschen, schlage ich vor, denn auch ich würde tatsächlich gerne einmal wissen, wie es sich anfühlt, als Mann durch die Welt zu gehen. Nicht stundenlang vor dem Kleiderschrank stehen zu müssen, weil ich wieder einmal nicht weiß, was ich anziehen soll, und mir im Sommer nicht die Beine rasieren zu müssen, weil ich dem gängigen Schönheitsideal einfach nich trotzen kann. Nicht befürchten zu müssen, dass mir die Bauarbeiter vom Hausgerüst gegenüber nachpfeifen, und abends keine Angst haben zu müssen, wenn mir im Dunkeln jemand entgegenkommt. Ja, so ein kurzer Geschlechtertausch wäre schon ganz reizvoll.

Ich habe das Gefühl, Strolz und ich könnten noch ewig so weiterplaudern und fänden bestimmt noch ein paar originelle Themen. Doch der Unternehmer muss weiter zu seinem nächsten Termin. Also biete ich ihm zum Schluss, nachdem er keinen Joker eingesetzt hat, noch meine erlesene Auswahl an „Frauenfragen"-Preisen an: Schokolade, eine Anti-Falten-Creme oder ein Päckchen mit der Aufschrift „Meditationsbad". Vielleicht weil es in den letzten Minuten recht sinnlich und aufgeladen zugegangen ist, wählt Strolz den Badeschaum und sagt: „Vielleicht nehme ich das Bad dann mit meiner Frau, um das alles nachzubesprechen. Das macht ja immer auch etwas mit mir, wenn ich durch so viele Fragen in Schwingung gebracht werde."

Weil er schon etwas spät dran ist, nimmt er seine Tasche und verabschiedet sich mit den Worten: „Du kannst dann einfach die Tür ins Schloss fallen lassen."

Und plötzlich sitze ich alleine im Atelier von Irene Strolz-Taferner. Eigentlich könnte ich jetzt nachschauen, ob Strolz hier noch irgendwo ein richtiges Büro mit Schreibtisch und so hat, denke ich, und fühle mich dabei wie ein Kind, das die geheime Naschlade der Eltern gefunden hat. Aber natürlich tue ich es nicht. Ich bin ja immerhin gut erzogen. Stattdessen baue ich mein Aufnahme-Equipment ab und spüre, dass ich aufgewühlt und speziell gut gelaunt bin. Vielleicht hat es etwas mit den Schwingungen zu tun, von denen Strolz vorhin gesprochen hat. In jedem Fall liegt es an dem unverhofft aufgetauchten Bewusstsein, dass Frausein eigentlich gar nicht so schlecht ist. Frausein ist sogar ziemlich cool, murmle ich vor mich hin, als ich die Tür des Ateliers hinter mir schließe. Eigenartig nur, dass ich für diese Erkenntnis einen Mann gebraucht habe. Wobei, im Grunde geht es mir in den „Frauenfragen"-Gesprächen ja genau darum: dass wir gegenseitig voneinander lernen und uns bereichern. Dass wir uns das Beste aus beiden Welten holen und zu mehr Verständnis für die jeweils andere Lebensrealität finden. Wenn es auch dazu führt, dass ich meine eigene Lebensrealität besser verstehe, umso besser.

Claudia Kottal

SCHAUSPIELERIN

Ich habe in den vergangenen Jahren immer wieder Schauspiel-Workshops mitorganisiert, die nur für Frauen konzipiert waren. Dabei habe ich oft gehört: „Nur Frauen? Wie anstrengend! Reißt ihr euch da nicht gegenseitig die Haare aus?" Offenbar gibt es immer noch die Meinung, dass Frauen untereinander ständig konkurrieren und Zickenkriege führen. Ich finde das sehr befremdlich und werde weiterhin versuchen, dazu beizutragen, dass sich solche Vorurteile und patriarchale Strukturen im Allgemeinen verändern.

Maria Rauch-Kallat

EHEMALIGE POLITIKERIN

Während meiner aktiven Karriere als Spitzenpolitikerin war ich oft mit klassischen „Frauenfragen" konfrontiert und immer wieder auch mit Blondinenwitzen. Das war unangenehm, aber wie für vieles gibt es auch dafür eine Lösung. Mir half, Gleiches mit Gleichem zu bekämpfen. Ich habe mir einen Blondinenwitz gesucht, in dessen Pointe den Männern der Spiegel vorgehalten wird. Von diesen Männern habe ich dann nie wieder einen Blondinenwitz gehört.

Birgit Denk

MUSIKERIN

Eine der irrwitzigsten Fragen war, ob ich so ein Mannweib geworden bin, um mich in der Musikbranche durchzusetzen. Für Sängerinnen gibt es offenbar immer noch nur ein paar wenige Rollenzuschreibungen, in denen sie sich bewegen können – Vamp, Lolita, Ulknudel, Grande Dame, Mannweib. Etwas anderes zu sein oder irgendetwas dazwischen, ist kaum möglich.

AM ROTEN TEPPICH

Manuel Rubey trägt bei unserem Treffen eine eine schwarze Weste, ein olivgrün-gemustertes Halstuch, dunkelgrau-schwarze Jeans, Lederschuhe und eine markante schwarze Brille.

MEINE ERNÄHRUNGSGEWOHNHEITEN

... sind, seit ich für einen Film einmal gehungert habe, ein Thema für mich. Weil ich jetzt einfach – vielleicht liegt es auch am Älterwerden – schneller zunehme.

MEINE PROBLEMZONEN AM KÖRPER

... sind eindeutig am Bauch. Ich bin so ein klassischer Bauchansatztyp.

DAS ÄLTERWERDEN FINDE ICH

... gut, solange es sich nicht körperlich schmerzlich zeigt. Wobei, mein Kinn ist mir in den letzten Jahren ein bisschen nach unten gerutscht. Das war früher schon besser.

SCHÖNHEITSOPERATIONEN

... schließe ich aus und finde ich problematisch – egal ob bei Männern oder Frauen.

MODE

... war mir früher, als ich mit Freunden in einer WG gewohnt habe, sehr wichtig. Wir sind oft auf Flohmärkte gegangen. Mittlerweile bin ich gerne gut angezogen, mag mich aber nicht groß darum kümmern.

DIE VEREINBARKEIT VON KINDERN UND KARRIERE

... geht mal besser, mal schlechter.

MANUEL
RUBEY

Richtungswechsel-Joker,
kein Preis

MANUEL RUBEY

Manuel Rubey lernt gleich zu Beginn unseres Treffens meine Verzweiflung kennen. Wenn es um das Thema Gleichberechtigung geht, bin ich ja oft verzweifelt. Im Moment ist der Auslöser jedoch ein anderer. In meinem Kopf dröhnt es, und ich fürchte schon einen plötzlichen Migräneanfall. Doch auch Rubey hört das Dröhnen, denn irgendwo in unserer Nähe wird gebohrt. Die IT-Firma, in deren Besprechungsraum wir sitzen, befindet sich in einem mehrstöckigen Gebäude, direkt über einer S-Bahn-Station und einer Handvoll Imbissbuden. Unter uns ist ein Fitnesscenter, das mit dem Versprechen „Fit und schlank in kurzer Zeit" wirbt, über uns sind Büros. An einem Ort wie diesem findet man den 41-jährigen Schauspieler sonst höchstens bei einem Filmdreh. Mit seinem edlen Halstuch und der Hornbrille passt er so gar nicht hierher. „Das ist jetzt aber blöd", sage ich etwas unbeholfen. Denn bei dieser Bohrerei kann man unmöglich ein Gespräch für einen Podcast aufzeichnen.

Es ist die Woche des Internationalen Frauentags, und ich möchte mit Manuel Rubey, der sich selbst als engagierten Feministen bezeichnet, über Gleichberechtigung sprechen. Ich überlege spontan, in ein Kaffeehaus auszuweichen, doch ganz Österreich befindet sich gerade im Lockdown. Kampfeslustig stehe ich also auf und informiere Rubey, der emotionslos in einem Bürostuhl sitzt – vielleicht ist er noch müde oder einfach ein extrem gechillter Typ –, dass ich den Bauarbeitern sagen werde, sie müssen das Bohren sein lassen. Im Stiegenhaus wird das Dröhnen lauter. Woher das Geräusch genau kommt, kann ich nicht ausmachen. Ich laufe drei Stockwerke hinauf und läute keuchend an jeder Tür. Niemand öffnet. Ich laufe wieder nach unten, aber auch da will mich keiner hineinlassen. Mein Herz pocht nach dem unfreiwilligen Fitnessprogramm laut, sodass ich die abrupt eintretende Stille fast überhöre. Das Bohren hat genauso plötzlich aufgehört, wie es begonnen hat. Ich eile also zu Manuel Rubey zurück, der immer noch, umgeben von ein paar traurigen Kakteen, in dem großen Besprechungsraum sitzt und geduldig wartet. Eine halbe Stunde schon. Ich fühle mich wie eine gemeine Zeiträuberin und sage kleinlaut: „Dann probieren wir es jetzt mal und hoffen, dass die Ruhe anhält." Rubey nickt, und ich drücke den Aufnahmeknopf.

„Ich halte es für unmöglich, als Vater von Töchtern nicht Feminist zu werden", hat der Schauspieler und Kabarettist Anfang 2020 in einem Interview mit einer Tageszeitung gesagt.[56] In feministischen Kreisen hat das damals Wellen geschlagen. Deshalb frage ich Rubey gleich zu Beginn, ob Wladimir Putin, Donald Trump und Norbert Hofer, die ebenfalls Töchter haben, seiner Meinung nach Feministen seien. „Ich fürchte, nein", lacht er belustigt und irritiert zugleich und fügt hinzu: „Vielleicht hat das aber auch ein bisschen was mit Intelligenz zu tun." Ich lerne: Nicht Töchter allein, sondern Töchter gepaart mit Intelligenz machen einen Mann zum Feministen, und bin mir

Ich halte es für unmöglich, als Vater von Töchtern nicht Feminist zu werden.

nicht sicher, ob das nun eine gute oder schlechte Nachricht ist. Manuel Rubey, der Schauspielerei studiert hat und 2008 mit der Verfilmung der Falco-Biografie „Verdammt, wir leben noch" seinen großen Durchbruch hatte, ist Vater zweier schulpflichtiger Mädchen und äußert sich immer wieder zu feministischen Themen. 2018 hat er öffentlich das Frauenvolksbegehren 2.0 unterstützt. Er lässt sich mit Plakaten für feministische Kampagnen fotografieren und betont in Interviews gerne, dass er schon als Kind Feminist war. Das zum Beispiel kann ich von mir nicht behaupten. Vielleicht kann ich heute also noch einiges lernen.

Bevor ich meine klischeehaften Rote-Teppich-Fragen aus-packe, möchte ich Rubey noch eine Spezialität servieren, in deren Genuss meist nur Frauen kommen – die plumpe, übergriffige Anmache. Und nein, ich spreche nicht von nächtlichen, alkoholgetränkten Discobesuchen, sondern von öffentlichen Interviews quer über alle Genres und Branchen hinweg. So musste sich etwa die neuseelän-dische Premierministerin Jacinda Ardern 2018 in einer australischen Fernsehsendung von dem grauhaarigen Moderator anhören, dass er noch nie eine so junge und attraktive Regierungschefin getroffen habe, und dass er ein bisschen in sie verliebt sei.[57] Pikantes Detail am Rande: Die Spitzenpolitikerin war damals schwanger, und so nutzte der 73-Jährige auch gleich die Gelegenheit, sie nach dem Zeugungsdatum zu fragen. Ardern und ihr Mann, der wäh-rend des Gesprächs neben ihr saß, waren sichtlich peinlich berührt. Ähnliche Beispiele gibt es zu Tausenden. Ich frage mich, wie wohl ein Mann reagiert, der von einer Frau in einem öffentlichen Interview so übel angemacht wird.

Ich stelle Manuel Rubey also vor und beschreibe ihn als eine Mischung aus attraktivem Pizzabäcker und jungem Johnny Depp und gestehe ihm weiters, dass ich mich kaum konzentrieren kann, weil er so fesch ist. Außerdem sage ich ihm, dass er wunderschöne Augen hat. Ich glaube, auch Rubey ist peinlich berührt, meint dann aber selbstbewusst, dass er das schon öfter gehört habe und dass es, sofern es nicht in einer Interviewsituation passiert, eigentlich kein Problem ist. „Ich habe das auch schon zu Menschen gesagt, und schöne Augen sind ja was Schönes. Auch wenn ich natürlich verstehe, worauf deine Aussage abzielt." Ich ziehe das Thema noch weiter und frage den gebürtigen Wiener, ob er öfter derb angemacht wird und eventuell schon einmal körperlich belästigt wurde. „Nein. Aber es gab schon ein paar Momente, wo mich jemand beim Weggehen betrunken begrapscht hat. Das hatte jedoch nie etwas körperlich Bedrohendes, und ich möchte das jetzt auch nicht als #MeToo-Moment bezeichnen, weil ich nie Sorge hatte, mich nicht aus der Situation befreien zu können." Ach, muss das herrlich sein, denke ich, wenn man weiß, dass einem das andere Geschlecht immer und überall körperlich unterlegen ist. Wenn man weiß, dass es völlig egal ist, was man anhat, weil sexuelle Belästigung zwar unangenehm, aber nie richtig bedrohlich werden kann. Wenn man, sobald man das Haus verlässt, nicht damit rechnen muss, dass einem jemand nachpfeift oder zu nahekommt. Ich frage mich, was passieren muss, damit Männer diese Art von Unfreiheit und Belastung überhaupt nachvollziehen können.

Manuel Rubey ist jedenfalls kein Mann, der sich nicht in andere einfühlen kann. Immerhin ist er Schauspieler und somit gewohnt, ständig in andere Rollen zu schlüpfen. Er hat zwar noch nie eine Frau gespielt, aber in seinem letzten Kinofilm, „Waren mal Revoluzzer", hat er einen mittelmäßig erfolgreichen Musiker gegeben, der sich um den Haushalt und seine beiden Töchter kümmert, während seine beruflich erfolgreiche Frau das Geld nach Hause bringt. Ein Bild, das vielleicht in manchen Bobo-Blasen in Wien bereits Realität ist, aber mit Sicherheit nicht im Großteil der österreichischen Bevölkerung. „Na ja, ich bin im Grunde schon so aufgewachsen", sagt Rubey, der auch am Drehbuch zum Film mitgeschrieben hat. „Mein Vater war Künstler und meine Mutter Ärztin, und als mein Bruder und ich in recht kurzem Abstand auf die Welt kamen, war die Frage, wer zu Hause bleibt, eine rein wirtschaftliche. Und weil es mit der Kunst meines Vaters noch nicht so funktioniert hat, hat meine Mutter für den Unterhalt gesorgt." Die Familie Rubey hat damit damals zur absoluten Ausnahme gehört. Denn selbst im Jahr 2021 ist es in Österreich immer noch untypisch, dass Männer sich um Hausarbeit und die Care-Arbeit im Allgemeinen kümmern. Obwohl schon 1990 die Väterkarenz gesetzlich verankert wurde, entscheidet sich nur rund ein Fünftel der Männer dazu, bei ihrem Kind zu Hause zu bleiben, und dann meistens auch nur für ein paar Monate.

„Wie war das denn vor 40 Jahren?", will ich von Manuel Rubey wissen. Gerade in einer Kleinstadt wie Wiener Neudorf, wo er aufgewachsen ist, muss ein Hausmann doch ein echtes Unikat gewesen sein. „Wenn wir zu dritt, also mein Vater, mein Bruder und ich, in die Bank oder ein Geschäft gegangen sind, waren wir schon die Exoten. Niemand konnte damit umgehen, was auch irgendwie beschämend war. Und meinem Vater ist dann das passiert, was in Österreich sonst nur die Arzt-Gattinnen erleben: Er wurde Herr Doktor genannt." Gefallen habe das dem Vater nicht, erzählt Rubey weiter, und auch sonst sei er mit seiner ungewöhnlichen Rolle immer wieder angeeckt. „Er wurde auch so als Loser-Typ gesehen, vor allem von seinem Schwiegervater. Und das war vielleicht auch mit ein Grund dafür, dass die Ehe meiner Eltern später in die Brüche gegangen ist." Gespannt höre ich dem 41-Jährigen zu, wie er ein Bild seiner Ursprungsfamilie zeichnet, und frage mich, was es wohl mit

Jungen macht, wenn sie erleben, dass auch Männer kochen, putzen und Kinder beim Großwerden begleiten können. Werden sie dann automatisch bekennende Feministen, so wie Rubey? Ist das vielleicht die ultimative Lösung in Sachen Gleichberechtigung: eine Zwangsverpflichtung für Männer, in Väterkarenz zu gehen? Wenn es so leicht ginge, wären viele Probleme wahrscheinlich schon gelöst. Trotzdem bin ich der Meinung, dass Männer mehr Sensibilität für Themen wie Kindererziehung, Pflege und Haushaltsführung bekämen, wenn sie für all das auch einmal so richtig verantwortlich wären. Wenn Väterka-

Ich kann die Thematik als Mann ja nur am Rande nachvollziehen.

renz eben nicht für ausgedehnte Urlaube und Zeit zum Relaxen genutzt würde, sondern um einmal so richtig in die Schuhe von Frauen zu schlüpfen.

„Das ist mit Sicherheit so", sagt Manuel Rubey, der, als seine erste Tochter vor 14 Jahren zur Welt kam, gerade arbeitslos war und deshalb viel Zeit gemeinsam mit seiner Frau Stefanie zu Hause verbrachte. Offiziell in Karenz war er nicht, womit er in der Statistik als absoluter Mainstream-Mann aufscheint. „Ich kann die Thematik als Mann ja nur am Rande nachvollziehen und spüre die Dringlichkeit in Wahrheit nur über die Frauen, die mir nahe sind. Aber natürlich nicht am eigenen Leben."

Obwohl unser Gespräch extrem harmonisch verläuft, wir uns geschmeidig Thema für Thema vorwärts hanteln und ich, weil ich einen sehr aufgeklärten Mann vor mir sitzen habe, recht entspannt bin, werde ich von Minute zu Minute deprimierter. „Dass man Dinge erst dann an sich ranlässt, wenn sie einen betreffen, ist wahrscheinlich auch evolutionstechnisch bedingt, weil sonst müsste man ja durchdrehen", sagt Rubey, und in dem Moment befällt mich eine überwältigende Verzweiflung. Zum ersten Mal in den „Frauenfragen"-Gesprächen liegt die Antwort auf meine Frage, warum Männer sich in Sachen Gleichberechtigung nicht mehr engagieren, unübersehbar vor mir auf dem Tisch. Weil die Ungleichheit Männer nicht betrifft! Weil sie sie nicht am eigenen Leib spüren! Und schon wieder dröhnt es laut in meinem Kopf. Nicht weil die Bauarbeiter im Gebäude ihre Arbeit wieder aufgenommen haben, sondern weil diese Erkenntnis so schwer zu ertragen ist. Ich habe das Gefühl, zum innersten Kern des Problems vorgedrungen zu sein. Und ich habe auch das Gefühl, dass es für dieses Problem gar keine Lösung gibt. Die Mehrheit der Männer wird auch in Zukunft den Chefschreibtisch dem Wickeltisch vorziehen, sie werden Frauen sicher nicht freiwillig an die Schalthebel der Macht und des Geldes lassen und niemals wirklich und in voller Überzeugung für echte Gleichberechtigung kämpfen. Eine Spirale an negativen Gedanken zieht mich nach unten. Der Feminismus ist verloren, denke ich, und im selben Atemzug sagt Rubey mitfühlend: „Es gibt halt auch einfach viele Trotteln. Man könnte echt verzweifeln."

„Du hast doch keine Ahnung", will ich ihm ins Gesicht brüllen. „Du weißt doch gar nicht, wovon du sprichst." Aber natürlich tue ich das nicht. Ich bin ja nicht bescheuert. Ich weiß, dass ich hier die helle Seite der Macht vor mir sitzen habe – den Typ Mann, den es braucht, um in Sachen Gleichberechtigung etwas weiterzubringen. Denn wenn man will, dass das Schiff mit der Feminismus-Flagge schneller vorankommt, muss man die Männer an Bord holen. Eh klar. Ich atme laut aus und rede mir innerlich gut zu. Eine Eigenschaft, die ich in den letzten sieben Jahren, seit ich Mutter geworden bin, perfektioniert habe. Man kann ja schließlich nicht nur brüllend durch die Ge-

gend laufen. Ich blicke auf meinen Unterarm, auf dem „the breath comes first" eintätowiert ist und erinnere mich daran, wie ich meiner Mutter diesen Satz ins Deutsche übersetzt habe: „Immer mit der Ruhe." Bei diesem Gedanken wandern meine Mundwinkel automatisch nach oben, und ich höre mich plötzlich sagen: „Haben wir heute schon gelacht?" Es ist mehr eine rhetorische Frage, doch Rubey antwortet trotzdem. „Ich finde, wir schmunzeln so vor uns hin." Obwohl ich mit Manuel Rubey bis zum heutigen Tag noch nie persönlich gesprochen habe, fühlt es sich an, als würde ich mit einem alten Bekannten plaudern. Vor vielen Jahren saßen wir zwar schon einmal nebeneinander beim Friseur – er als der neue Shootingstar der österreichischen Filmszene und ich als Redakteurin beim Radiosender FM4 –, aber angesprochen habe ich ihn damals natürlich nicht. Was hätte ich auch sagen sollen? „Hallo, du hast echt tolle Haare", oder „Liest du auch gerne die ‚Gala'?" Weil man im Alter aber nicht nur äußerlich, sondern auch innerlich reift, stelle ich Rubey heute genau diese Frage, und er antwortet, wie bisher auf alles, extrem gelassen. Beim Friseur oder im Flugzeug habe er immer wieder mal eine Frauenzeitschrift in der Hand, meistens aber eine hochwertige, denn: „Das ist wie mit Fastfood. Ich bin zwar auch manchmal ganz gierig darauf, weiß aber, dass es mir nachher schlechter geht als davor. Und so ist es auch mit einer gewissen Art von Lektüre." Wie beste Freundinnen schimpfen wir ein bisschen darüber, wie bizarr die Botschaften in Frauenmagazinen oft sind. Dass auf einen Artikel über Essstörungen Werbung für Diätprodukte folgt oder auf Tipps für ein besseres Selbstwertgefühl ein reißerischer Bericht über erfolglose Promis. Um ehrlich zu sein, über solche Themen habe ich mich noch mit keinem Mann so ausführlich unterhalten. Mit Manuel Rubey kann man aber anscheinend über alles reden.

Und während ich ihm so zuhöre, werde ich langsam wieder hoffungsvoller.

Der Schauspieler spricht jetzt über das Älterwerden und dass er das, bis auf einige körperliche Wehwehchen, ganz gut findet. Er hat die Beine übereinandergeschlagen, die Hände im Schoß ineinandergelegt. Manchmal wippt er mit dem Fuß auf und ab, als wolle er seine Aussage bekräftigen. Vielleicht liegt es aber auch daran, dass der Sessel, in dem er sitzt, etwas unbequem ist. Ich kann und will gar nicht leugnen, dass ich mich in Rubeys Gegenwart wohlfühle und frage mich, ob es vielleicht daran liegt, dass wir fast gleich alt sind. Dass uns das „Bravo"-Heft aufgeklärt hat, „MacGyver" der Held unserer Jugend war und wir in einer Zeit aufgewachsen sind, in der es bereits selbstverständlich war, dass Männer und Frauen arbeiten gehen. Es ist ein bisschen, wie wenn man weit weg auf Urlaub fährt und im schwülen Dschungel plötzlich auf eine Gruppe Österreicher*innen trifft. Sprache verbindet. Ich glaube, im Fall von Manuel Rubey ist es aber nicht nur das. Der Schauspieler zählt auch zu einer Sorte Mann, die eine Frauenzeitschrift vor Kurzem als den „neuen" Mann beschrieben hat. Hilfsbereit, respektvoll und einfühlsam. Er sitzt nicht breitbeinig da, erklärt Frauen nicht die Welt und unterbricht sie auch nicht unhöflich und aus Prinzip, so wie es einige, vor allem ältere, Männer immer noch gerne tun. „Manterrupting", „Mansplaining" und „Manspreading" nennt man diese Art von unsozialem Verhalten. Auf den neuen Mann treffen diese Begriffe nicht zu. Ich wage auch zu behaupten, dass der neue Mann kein Problem damit hat, ausführlich über seine Vaterrolle zu sprechen, dass er weiß, welche Entbehrungen diese mit sich bringt und dass er kräftig im Haushalt anpackt.

Putzen ist tatsächlich etwas, das Manuel Rubey sehr intensiv betreibt. Positiv formuliert könnte man sagen, es ist seine Leidenschaft, realistisch gesehen ist es eher eine Neurose.[58]

Denn mehrmals pro Tag putzt der Schauspieler die Küche oder schaltet die Waschmaschine ein. „Es ist keine Option, es nicht zu tun. Und das ist leider auch unser größter Konflikt in der Familie und Partnerschaft. In letzter Konsequenz bin ich wohl nicht zum Zusammenleben geschaffen", meint er nachdenklich. „Mich bedrohen die Dinge tatsächlich, und ich wüte dann regelrecht mit dem Müllsack durch die Kinderzimmer und schmeiße Sachen weg." Das Kinderkriegen selbst hat Rubey, im Gegensatz zu mir, aber nicht als bedrohlich empfunden. Trotzdem würde er heute anders an die Sache herangehen und mit seiner Frau genauer darüber reden, wie sie diese fordernde erste Zeit mit Baby gemeinsam gestalten möchten. Damit eben nicht alles an der Frau hängen bleibt oder sich einer im Nachhinein übergangen fühlt. „Meine Frau und ich haben ein Jahr lang eine Fernbeziehung geführt, dann kam die Schwangerschaft und die aufregende erste Zeit mit Baby und dann der Falco-Film. Es ging alles viel zu schnell und hat uns an den Rand der Überforderung geführt."

Manuel Rubey ist mit seiner Frau Stefanie seit über 15 Jahren zusammen. Laut einer Umfrage aus dem Jahr 2017[59] hält eine Beziehung in Österreich durchschnittlich rund 14 Jahre. Ich frage mich also, wie das Paar es geschafft hat, vor allem diese erste Zeit als Familie, die Rubey als „sehr schwierig" beschreibt, zu überstehen. Der Schauspieler kommt mir jedoch zuvor, greift zur Richtungswechsel-Joker-Karte vor ihm auf dem Tisch und sagt plötzlich: „Das würde mich jetzt schon interessieren. Wie war das eigentlich bei euch?" Weil wir so vertraut zusammensitzen und ich mir diese Regel selbst eingebrockt habe, erzähle ich Rubey also offen, dass die Zeit nach der Geburt meiner ersten Tochter auch für mich und meinen Mann sehr schwierig war und dass mich seine Geschichte ein wenig an meine eigene erinnert. Auch wir haben zu wenig darüber gesprochen, wie wir uns das alles vorstellen. Mein Mann ging nach ein paar Wochen wieder Vollzeit arbeiten und ich saß alleine mit dem Baby zu Hause und war völlig überfordert. Denn ich hatte nicht nur mit dem neuen Alltag, der körperlich sehr anstrengend, aber geistig extrem unterfordernd war, zu kämpfen, sondern auch mit meinen veralteten Rollenvorstellungen, von denen ich bis dahin nichts gewusst hatte. Ich war plötzlich der Meinung, dass ich mich als Frau aufopfernd um das Kind kümmern müsse, nahm mir viel zu wenig Freiräume und meinen Mann zu wenig in die Pflicht. Rückblickend würde auch ich vieles anders machen. Rubey hört mir aufmerksam zu, nickt immer wieder und meint dann: „Wahrscheinlich geht es auch hier nur mit einer Quote. Wenn der Mann voll arbeiten geht, muss er einfach 50 Prozent des Gehalts an seine Frau überweisen, ohne dass sie sich dafür rechtfertigen muss. Oder er bringt sich zu 50 Prozent zu Hause ein."

Sich mit einem Mann wie Manuel Rubey über Feminismus und Gleichberechtigung zu unterhalten, fühlt sich ein bisschen wie ein Spaziergang an. Kein Kämpfen, kein Rechtfertigen, kein Überzeugen-Müssen. Da sitzt mir einer gegenüber, der sich auch abseits unseres Gesprächs Gedanken macht, der ein echtes Anliegen hat und dem bewusst ist, dass Theorie und Praxis oft auseinanderklaffen. „Es ist gar nicht so einfach, das alles auch so zu leben. Manche Themen holen uns in der Partnerschaft immer wieder ein. Stefanie kann zum Beispiel viel weniger loslassen als ich", meint der 41-Jährige und erzählt, dass er sich, was seine Kinder und den Haushalt betrifft, viel besser abgrenzen kann als seine Frau. Dieses Mal bin ich es, die zustimmend nickt. Denn auch das kenne ich aus eigener Erfahrung. Schnell noch die Wäsche fertig machen, bevor ich eine Runde laufen gehe, schnell noch die Jause für das Schulkind vorbereiten, den Geschirrspüler einräumen und dem Kleinkind die Zähne putzen, bevor ich mich mit einem Kaffee auf die Couch setze – immer schauen, dass alle gut versorgt sind, bevor ich selbst drankomme. Ohne einen wissenschaftlichen Beweis liefern zu können, wage ich zu behaupten, dass das etwas ist, das vor allem Frauen lernen müssen – Selbstfürsorge vor Fremdfürsorge –, und dass uns das in Bezug auf die Gleichberechtigung sogar hilfreich sein könnte. Denn welches Vorbild kann ich für meine Töchter sein, wenn sie erleben, dass ich mich zwar immer um alles und alle perfekt kümmere, aber am Ende des Tages völlig ausgelaugt, erschöpft und unzufrieden bin? Als könnte Rubey meine Gedanken lesen, sagt er: „Ich glaube, dass meine Töchter sich freuen würden, wenn sie sehen, dass ihre Mama mal ganz egoistisch nur etwas für sich macht, weil sie eh wissen, wie sehr sie sie unterstützt, umsorgt und an sie denkt."

Am liebsten würde ich Manuel Rubey am Ende unseres Gesprächs umarmen. Denn Männer wie er geben mir Hoffnung, dass dem Feminismus doch noch eine ganz große Zukunft bevorsteht. Ich halte meine Emotionen jedoch im Zaun, weil es einerseits übergriffig wäre und es andererseits die Corona-Abstandsregeln ohnehin nicht erlauben. Stattdessen sage ich so etwas Banales wie „Schön" und freue mich, dass ich heute in meiner Annahme, dass Gleichberechtigung nur gemeinsam funktionieren kann, bestärkt worden bin. Feminismus braucht definitiv den neuen Mann und die neue Frau. Beide Geschlechter müssen sich von tradierten Rollenvorstellungen und Klischees lösen, damit sich etwas ändern kann. Beide müssen etwas aufgeben, um schlussendlich etwas gewinnen zu können. Damit, wie es Manuel Rubey abschließend formuliert, „vielleicht die übernächste Generation tatsächlich fragen kann: Was war eigentlich der Internationale Frauentag und wozu war der notwendig?"

Lilian Klebow

SCHAUSPIELERIN, AKTIVISTIN

Als Schauspielerin wollte ich nie auf Äußerlichkeiten reduziert werden. Denn dass Optik vor meine fachliche Kompetenz gestellt wird, empfinde ich als zutiefst respektlos. Ich habe schon gehört, ich sei für eine Rolle „zu schön" oder aber ich sei bei einem Dreh „zu hässlich" gewesen. Letzteres war während einer irrsinnig dramatischen Szene zu „Soko Donau", in der ich in Tränen der Wut und Verzweiflung ausbrechen sollte. Obwohl alles als „Onetaker" geklappt hatte, meinte der Regisseur: „Das müssen wir nochmal machen. Du siehst hässlich aus, wenn du weinst. Und das willst du doch nicht?" Doch! Wenn es gepasst hat, ist es mir doch wurscht, wie ich dabei aussehe. Ich habe mich geweigert, die Szene nochmal zu drehen.

Stephanie Widmer

MUSIKERIN DER BAND „CARI CARI"

Am häufigsten bekomme ich den All-Time-Classic, „Ah, und du bist die Sängerin?", zu hören. Das ist so eine Art passiver Sexismus, weil davon ausgegangen wird, dass die Frau nicht „Chef" sein kann, sondern nur optischer Aufputz ist. Das kommt auch von Menschen, die sehr auf das Thema sensibilisiert sind und aktiv an einer Verbesserung der Situation arbeiten. Manchmal ertappen sie sich dann selbst dabei und es ist ihnen extrem unangenehm. Manchmal muss man ein bisschen nachhelfen.

Mirna Jukić-Berger

EHEMALIGE PROFI-SCHWIMMERIN

Die Ungleichbehandlung von Frauen und Männern kenne ich aus dem Schwimmsport eigentlich nicht. Mir ist aber aufgefallen, dass das Aussehen bei Schwimmerinnen offenbar viel wichtiger ist als bei Schwimmern. In meiner aktiven Karriere wurden mir immer wieder Modestrecken in Magazinen oder Bikinifotos angeboten. Und wenn eine Schwimmerin mal keine gute Leistung erbringt, hört man immer wieder auch Sätze wie: „Immerhin schön war sie." Als ob das im Sport eine Rolle spielen würde!

AM ROTEN TEPPICH

Thomas Brezina trägt bei unserem Treffen ein blaues Jeanshemd, ein rot-weiß-schwarz kariertes Sakko, blaue Jeans und schwarze Lederschuhe.

MEINE STANDARDKLEIDUNG ZU HAUSE
... ist eine Jeans, ein weißes T-Shirt und ein bunter Hoodie darüber.

MEINE DREI MUST-HAVE-KÖRPERPFLEGE-PRODUKTE
... einfach gute Cremen: Für das Gesicht, die Hände und den Körper.

GUTES AUSSEHEN IST
... mir wichtig. Aber ich möchte vor allem mir selbst gefallen und mich wohlfühlen.

PROSECCO
... ist ein Getränk, dem ich noch nie etwas abgewinnen konnte.

ARBEITEN IN DER FRAUEN-DOMÄNE „KINDERLITERATUR"
... Ist das wirklich eine Frauendomäne? Ich glaube, ehrlich gesagt, das ist ein Vorurteil.

THOMAS BREZINA

*Kein Joker,
Preis: Schokolade*

THOMAS BREZINA

Jedem Ende wohnt ein Anfang inne. Oder so ähnlich. Je mehr ich darüber nachdenke, warum das mit der Gleichberechtigung so schwierig ist, warum das Thema so viele emotionalisiert, wütend und verzweifelt macht, desto mehr komme ich zu dem Schluss, dass wir vor allem ganz am Anfang ansetzen müssen. Bei denen, die diese Welt gerade erst kennenlernen – den Kindern. Denn, davon bin ich überzeugt, wir kommen nicht mit Sexismen und internalisierten Rollenzuschreibungen auf die Welt. Erst nach und nach lernen wir, alles in schwarz und weiß, in männlich und weiblich und andere auf den ersten Blick lebenserleichternde Dualismen einzuteilen. Kinder lernen vor allem durch Nachahmung. Wie ein Schwamm saugen sie alles auf, was sie sehen und hören. Sie wollen wie Mama und Papa sein oder viel mehr noch wie ihre Held*innen in Kinderserien und -büchern. Also habe ich mir gedacht, ich lade mir am Ende meiner „Frauenfragen"-Reihe Österreichs erfolgreichsten Kinderbuchautor ein und frage ihn, welche Ideen er zum Feminismus hat und was sich, ausgehend von seiner Lebensrealität, die dem Thema übrigens noch eine zusätzliche Dimension verpasst, vielleicht für eine gleichberechtigtere Zukunft ableiten lässt.
Ich treffe Thomas Brezina in seiner Produktionsfirma, die inmitten eines Industriegeländes am südlichen Stadt-

rand von Wien liegt. Als ich das richtige Gebäude auf dem durchnummerierten Areal suche, wundere ich mich über das viele Grau und die Schmucklosigkeit. Dem Erfinder der „Knickerbocker-Bande" und von „Tom Turbo" hätte ich doch ein bisschen mehr Raffinesse zugetraut. Doch Brezina geht es anscheinend um die innere Schönheit, die sich mir erst offenbart, als ich die Tür zum Besprechungsraum öffne, in dem wir das Interview aufzeichnen. Mehr Verspieltheit geht wirklich nicht. Der Teppichboden ist orange, rund um einen großen Glastisch stehen verschiedenfarbige Sessel, und der Raum ist voll mit einem Sammelsurium an Figuren aus Brezinas bekanntesten Fernsehproduktionen. Ich fühle mich wie im Kinderzimmer meiner Töchter, nur dass ich hier nicht das Bedürfnis habe, irgendetwas aufzuräumen. Alles ist ohnehin sehr ordentlich. „Ich habe ja kein Büro im klassischen Sinn, denn ich schreibe zu Hause oder in London. Dieser fantastische Raum ist der Treffpunkt meiner Firma, der die Stimmung, in der wir arbeiten und in der unsere Produktionen sein sollen, widerspiegelt", erklärt Brezina, der mit seinem rot-weiß-schwarz karierten Sakko perfekt in diese Szenerie passt. Als hätten wir uns abgesprochen, habe auch ich einen Anzug mit Karo-Muster an und fühle mich dem Kinderbuchautor dadurch irgendwie gleich verbunden. Zumindest kleidungstechnisch sprechen wir die gleiche Sprache.

Nachdem wir, dem „Frauenfragen"-Gesprächsleitfaden folgend, die klassischen Rote-Teppich-Fragen abgehandelt haben, landen wir gleich bei Brezinas Ehe, an der der 58-Jährige seine Fans in den sozialen Medien sehr ausführlich teilhaben lässt. Seit fünf Jahren ist er mit dem ehemaligen Koch und Maler Ivo Belajic verheiratet. Dass Brezina schwul ist, hat die Öffentlichkeit erst 2017 eher zufällig erfahren. „Damals ist der erste Band der erwachsenen Knickerbocker erschienen und wurde um Mitternacht vor dem ersten Verkaufstag präsentiert. Es sind 700 Leute gekommen, und als ich das gesehen habe, ist mir die Luft weggeblieben, und ich hatte Tränen der Rührung in den Augen. Ich bin dann dort auf die Bühne gegangen und habe gesagt, dass das nach meinem Hochzeitstag der glücklichste Tag in meinem Leben ist. Danach wurde ich natürlich gefragt, ob das jetzt ein Outing war. 2017? Kein Mensch hat es da doch bitte noch nötig, sich zu outen! Ich habe ganz einfach über meinen Mann erzählt, so wie andere über ihre Frau erzählen." Eine Besonderheit oder gar ein Skandal ist Homosexualität zum Glück heute wirklich nicht mehr. Aber mit einem Mann zusammen zu sein, ist wahrscheinlich doch anders, als mit einer Frau zusammen zu sein, und so frage ich mich gerade, ob sich das gleiche Geschlecht des Partners irgendwie auf die Gleichberechtigung in einer Beziehung auswirkt. Immerhin ist man vermutlich ähnlich sozialisiert worden. Ich möchte von Brezina also wissen, wie das Zusammenleben mit seinem Mann konkret aussieht. Denn vielleicht ergeben sich daraus ja wertvolle Erkenntnisse für meine und andere Beziehungen. „Bei uns ist das ganz klar aufgeteilt: Ivo ist derjenige, der einkaufen geht, kocht und alles zu Hause regelt. Er kümmert sich auch um unseren Hund, denn ich sitze jeden Tag acht bis neun Stunden und schreibe, habe Besprechungen, Dreharbeiten usw." Überrascht schaue ich Brezina jetzt an. Denn ich hätte nicht erwartet, dass er eine Ehe in traditioneller Rollenverteilung führt. Dass er der Ernährer und sein Mann der Hausmann ist. Ein Modell, das in gemischtgeschlechtlichen Beziehungen ja nur mehr selten zu finden ist. Laut Statistik Austria gibt es nämlich kaum mehr Erwachsene, die dauerhaft daheim und nicht erwerbstätig sind. Der Beruf „Hausfrau" stirbt also offenbar aus. Übrigens nicht, weil der Beruf „Hausmann" an Bedeutung gewinnt.[60]

Was sich in einer Mann-Frau-Beziehung aber oft aufgrund von Stereotypen und der Geburt eines Kindes ergibt, ist in Brezinas Ehe bewusst gewählt. „Ivo und ich haben uns in England kennengelernt, und er wollte damals wieder in einem Restaurant zu arbeiten beginnen. Ich bin die ganze Zeit zwischen Österreich und England unterwegs gewesen und habe irgendwann gesagt: Lass uns zur Ruhe kommen. Ich bin in der Lage, genug für uns beide zu verdienen, und wenn es für dich O.K. ist, kümmere du dich bitte um unser Leben." Als gelerntem Koch war es für Ivo Belajic klarerweise ein Leichtes, sich um den kulinarischen Teil des Alltags zu kümmern. Und auch bei der Aufteilung aller anderen Tätigkeiten scheinen die Persönlichkeiten und individuellen Vorlieben im Vordergrund zu stehen. Eine amerikanische Studie bestätigt übrigens, dass Aufgaben in gleichgeschlechtlichen Partnerschaften gerechter und nach Fähigkeiten verteilt werden anstatt nach traditionellen Geschlechterrollen, was dazu führt, dass Homo-Paare in der Regel glücklicher sind als Hetero-Paare.[61] „Das fällt mir jetzt schwer zu beurteilen", sagt Brezina nachdenklich. „Ich glaube, dass hier die Liebe ein ganz maßgeblicher Begriff ist, und es ist eine Vereinbarungssache. Man muss einfach Wege finden, mit denen beide gut leben können." Ich nicke, denn das ist im Prinzip genauso, wie es in einer gleichberechtigten Beziehung sein sollte. Wenn Brezina, wie er sagt, „in einem Supermarkt verloren ist", warum sollte er dann das Einkaufen übernehmen? Und wenn mir das Müll-Hinaustragen zuwider ist, warum sollte ich es dann machen? Nur um krampfhaft ein 50:50 zu erzeugen, wie es vielerorts für Paarbeziehungen gefordert wird?

Man muss einfach Wege finden, mit denen beide gut leben können.

Schwierig wird es nur, wenn keiner gerne einkaufen geht oder den Müll hinausträgt. Doch auch das sollte man mit einer halbwegs vernünftigen Gesprächskultur hinbekommen, ohne dass ein allzu großes Ungleichgewicht entsteht. Darin sind Brezina und ich uns jedenfalls einig. In heterosexuellen Beziehungen erlebe ich jedoch oft, dass manche Tätigkeiten aufgrund von geschlechtsspezifischen Rollenzuschreibungen vorausgesetzt werden. Weil es eben schon immer so war. Weil kochen, putzen und Windeln wechseln immer schon weibliche Aufgaben waren, Glühbirnen tauschen und Regale an die Wand schrauben hingegen immer schon männliche. Dass dabei eine Schieflage entsteht, ist logisch. Denn im Gegensatz zum Glühbirnen-Austausch muss der Geschirrspüler nun einmal täglich eingeräumt werden. Und so gesehen hat die Erfindung der LED-Lampe, die bis zu 100.000 Stunden hält, den Männern noch mehr in die Hände gespielt. Keine Sorge! So paranoid bin ich jetzt auch wieder nicht, dahinter eine Absicht zu vermuten, aber dass die Welt nach männlichen Normen ausgerichtet ist, ist ein Faktum. Die amerikanische Journalistin Caroline Criado-Perez hat dazu ein ganzes Buch[62] geschrieben, in dem sie deutlich macht, inwiefern die Welt von Männern für Männer gemacht ist.

„Hast du das Gefühl, dass Männer in unserer Gesellschaft privilegierter sind als Frauen?", will ich von Brezina wissen. Über diese Frage hat der Kinderbuchautor offenbar noch nie nachgedacht, denn er atmet jetzt mehrmals laut aus und wiederholt die Frage noch einmal. Eine beliebte Angewohnheit, um noch etwas Zeit für eine Antwort zu gewinnen. „Ich habe in meinem Leben wahrscheinlich mit mehr Frauen als Männern zu tun gehabt, auch mit vielen Frauen in Führungspositionen – beim Fernsehen, bei Verlagen etc. Also ich traue mich das jetzt nicht einfach so zu sagen. Alles, was ich lese und höre, dass Frauen z.B.

für den gleichen Job weniger bezahlt bekommen, darüber brauchen wir doch gar nicht zu diskutieren. Das ist inakzeptabel."

Gegen Ungerechtigkeiten tritt Brezina zeit seines Lebens immer wieder auch öffentlich ein. So ist er etwa seit 1996 offizieller Botschafter von UNICEF Österreich und engagiert sich dabei für benachteiligte Kinder. Ungerechtigkeiten beziehungsweise Ungleichbehandlungen zwischen Männern und Frauen sind ihm in seiner Lebensrealität aber offenbar noch nicht so untergekommen. Weil ich es genau wissen will, frage ich ihn, ob Feminismus und Gleichberechtigung überhaupt Themen sind, mit denen er sich in seinem Leben bisher schon beschäftigt hat. „Bei mir geht es eher um das Thema Selbstbewusstsein. In der ,Knickerbocker-Bande' habe ich ja ein Mädchen als Oberhaupt der Bande genommen. Im Jahr 1988, als ich begonnen habe, das zu konzipieren, ist mir gesagt worden, dass so ein Buch nicht funktionieren kann. Doch ich wollte es so", erzählt der Kinderbuchautor. Rund 70 Bände, die in 19 Sprachen übersetzt wurden, geben ihm recht. Weil es mich interessiert, wie viel feministischer Hintergedanke darin steckt, ein Mädchen als Heldin zu nehmen, frage ich noch ein bisschen weiter. „Hattest du das Gefühl, dass Mädchen weniger Selbstbewusstsein haben als Burschen?" Brezina wird jetzt zum ersten Mal fast emotional. „Na, entschuldige! Glaubst du, ich habe so ein Selbstbewusstsein? Ich bin ein Mann und bin bis heute nicht mit dem größten Selbstbewusstsein gesegnet."

Ich habe Brezina ja auch eingeladen, um mit ihm über Kin-

Ich bin ein Mann und bin bis heute nicht mit dem größten Selbstbewusstsein gesegnet.

derliteratur und seine Verantwortung als Autor in Sachen Gleichberechtigung zu sprechen. Also frage ich ihn direkt danach. „Ich glaube schon, dass es als Kinderbuchautor wichtig ist, sich sehr genau zu überlegen, welche Charaktere und Persönlichkeiten man schildern will. Aber Gleichberechtigung heißt für mich ganz einfach: Wer bin ich, was will ich, was tue ich? Wie erreiche ich meine Wünsche und Ziele? Was kommt mir an Widerstand entgegen und wie kann ich damit umgehen? Das ist für mich das Thema." Auch wenn Brezina in seinen über 550 Büchern immer wieder Geschichten mit Mädchen als Hauptfiguren erzählt hat, wollte er damit nicht bewusst Stereotype abbauen oder alte Geschlechterkonstruktionen überwinden. Es war für ihn ganz einfach der logische Weg, da Mädchen in seinen Augen genau dasselbe können wie Buben. „Wenn Lilo, die Heldin in der erwachsenen Knickerbocker-Bande, mathematische Physikerin ist, mache ich das nicht, um irgendetwas zu durchbrechen, sondern einfach nur, weil es sich für mich gut und richtig anfühlt." In einem Interview sagte er dazu einmal: „Labels wie ‚feministisch' mag ich nicht, ich sehe keinen Sinn in diesen Begrifflichkeiten."[63] Schade eigentlich. Denn ich bin davon überzeugt, dass Kinderbücher sehr viel zu einer geschlechtergerechten Welt beitragen können – sie bilden, prägen und sozialisieren mit. Wir können uns mit Protagonist*innen identifizieren, sie bewundern oder uns von ihnen abgrenzen, und wir lernen von ihnen, was es heißt, ein Mädchen oder ein Junge zu sein, eine Frau oder ein Mann. Wenn Mädchen in Geschichten aber vorrangig hübsche Prinzessinnen sind, die mit Puppen spielen, und Buben wilde Piraten, die gegen Drachen kämpfen, befeuert das alte Geschlechterkonstruktionen und schreibt Geschlechterungleichheiten in der realen Welt fort. Dass auch in der Kinderliteratur die Abenteuer nach wie vor für die Jungs und der Alltag für die Mädchen reserviert ist, zeigt eine Studie der TU Darmstadt, die 6000 Kinderbuchfiguren auf Geschlechterdarstellungen hin untersucht hat.[64] Welche Chance da vergeben wird, um Klischees aufzubrechen und einen positiven Beitrag in Sachen Gleichberechtigung zu leisten, liegt auf der Hand. Zum Glück können sich aber Kinder, genauso wie Autor*innen, in das jeweils andere Geschlecht hineinversetzen, was das Problem vielleicht ein bisschen abschwächt.

„Wie schaffst du es denn, als Mann in die Rolle eines jungen Mädchens zu schlüpfen?", frage ich Brezina. „Im Prinzip geht es nur um ein Wort: zuhören", sagt er und wiederholt es zur Sicherheit gleich mehrmals. „Zuhören und sämtliche Gedanken, die da aufsteigen, sämtliche Gegenargumente, die kommen, erst einmal auf Eis legen. Und dann versuchen, das, was man gehört hat, zu verstehen." Im Grunde setze ich genau diese Übung in den „Frauenfragen"-Gesprächen um. Wie oft ich mich besinnen musste, um mich von der Meinung meines Gegenübers nicht angegriffen zu fühlen, um das Gesagte nicht gleich zu verurteilen und mit einem Schwall an Argumenten zurückzuschießen. Aber das wird uns, wie es auch Brezina formuliert, nicht weiterbringen. Im Gegenteil – auf dem eigenen Standpunkt zu beharren, ohne das Gegenüber anzuhören, verhärtet nur die Fronten. Und Fronten gibt es im Krieg, und den braucht wirklich niemand. Ich schaue auf meine karierte Hose und muss grinsen: Wieder haben der Kinderbuchautor und ich eine gemeinsame Sprache gefunden. „Wenn ich über Mädchen schreiben will, muss ich versuchen, mich in sie hineinzuversetzen. Genauso ist es mit Kindern generell. Ich muss wissen, was sie wirklich wollen, was sie berührt, in welche Richtungen sie sich entwickeln, und das geht nur mit zuhören, zuhören, zuhören!"

Mir fällt auf, dass ich in der vergangenen Stunde sehr oft

mit dem Kopf genickt und ihn kaum geschüttelt habe. Vieles von dem, was Brezina sagt, klingt bei mir an. Das meiste kann ich gut nachvollziehen. Erst als er über Feminismus spricht, von Geduld und dass wir diesbezüglich ja schon sehr viel erreicht hätten, beginne ich unbewusst mit meinem Kugelschreiber auf der Glasplatte des Tisches herumzuklopfen, was während einer Podcast-Aufnahme übrigens nicht sehr schlau ist. „Als Mann redet es sich halt leicht, weil dich die Ungleichbehandlungen ja nicht betreffen", platzt es aus mir heraus und Brezina meint: „Ich sage das ein bisschen als Beruhigung und Trost, denn man kann doch nicht nur in der Verzweiflung versinken. Aber jetzt sage ich dir noch etwas. Ich bin schwul, und weißt du, was das damals, mit 13 Jahren, als ich das herausgefunden habe, bedeutet hat? Für mich war das eine Lebenskrise. Und heute können wir heiraten! Für mich ist es die größte Erleichterung überhaupt, darüber reden zu können. Vielleicht wollen wir auch einmal diese Entwicklung sehen."
Während ich Brezina zuhöre, wie er davon erzählt, wie schwierig es für seine Mutter gewesen ist, seine Homosexualität anzuerkennen und auch öffentlich zu seinen Partnern zu stehen, wird mir bewusst, dass es durchaus Parallelen zwischen seiner Situation als schwuler Mann und der der meisten Frauen gibt. Denn das Männliche wird in unserer Gesellschaft über das Weibliche gestellt. In der Mehrheitsgesellschaft gelten homosexuelle Männer oft als „unmännlich" und werden aufgrund ihrer Sexualität effeminiert sowie diskriminiert.
Nicht zu seiner Sexualität stehen zu können, oder als Fernsehmacher „nur für das Kinderprogramm zu arbeiten" – in Brezinas Leben gab es bereits etliche Tiefphasen, und nicht immer war alles so lustig und glücklich, wie es jetzt auf seinem Instagram-Profil scheint. Doch der 58-Jährige hat versucht, sein Glück selbst in die Hand zu nehmen, un-

geachtet dessen, was andere sagen oder was in der Gesellschaft anerkannt ist. „Das Wichtigste im Leben ist, das zu tun, was du wirklich gerne tun willst, und was sich für dich wie Erfüllung anfühlt." Darüber schreibt er übrigens auch in seinen Ratgebern für Erwachsene, in denen er sich intensiv mit dem Thema Glück beschäftigt und mit der Frage, warum es wichtig ist, den Moment zu genießen. Auch in unserem Gespräch habe ich das Gefühl, dass Brezina sich auf die positiven Dinge konzentrieren will und auf das Hervorkehren von Negativem ein bisschen allergisch reagiert. Als wir darüber sprechen, dass Karrieremänner ihre Vaterrolle oft nicht wahrnehmen, vieles auf ihre Frauen abwälzen und Letztere dann auch meist noch in deren Schatten stehen, sagt er: „Ich glaube, ich muss dich jetzt furchtbar enttäuschen, weil ich das so anders sehe. Es ist eine Entscheidung, was man im Leben will. Ich habe eine ganz liebe Freundin namens Carmen, die eine Familie managt. Ihr Mann ist im Job sehr erfolgreich, und sie begleitet ihn immer wieder zu offiziellen Anlässen, wo sich jeder natürlich auf ihn stürzt. Sie findet das lustig. Aber sie sieht sich eben nicht im Schatten ihres Mannes, sondern an seiner Seite." Bei seiner Mutter sei es übrigens ganz genauso gewesen, erzählt Brezina weiter. Als sein Vater, ein erfolgreicher Radiologe, eine Ordination eröffnete, habe sie ihn bei der Arbeit unterstützt. „Aber auch sie hat sich nie in seinem Schatten gefühlt, sondern hat das gern gemacht." Ich frage mich, wie es wohl für seinen Mann sein muss, als Hausmann an der Seite eines erfolgreichen Kinderbuchautors zu stehen. Ob das Geschlecht dabei einen Unterschied macht? Aus Untersuchungen weiß man jedenfalls, dass Männer in heterosexuellen Beziehungen durchaus ein Problem damit haben, wenn ihre Partnerin beruflich mehr Erfolg hat und auch mehr verdient. Es geht sogar so weit, dass Paare, die nach ihrem Einkommen befragt werden, schwindeln, wenn die Frau mehr verdient.[65] Das Bild des Mannes als Versorger der Familie scheint in den Köpfen also nach wie vor wie mit Superkleber festgemacht.

„Wie ist es denn für deinen Mann, so im Schatten eines berühmten Kinderbuchautors zu stehen?", will ich also von Brezina wissen. „Ha, der Ivo steht sicher nicht in meinem Schatten. Er ist stolz, das ganz bestimmt. Aber er ist ein Mensch, der mit sich selbst sehr glücklich ist und auch nicht viele Menschen rund um sich braucht. Zu großen Anlässen kommt er mit, weil er gerne Anteil nehmen möchte, aber das hat für ihn die Bedeutung, Anteil zu nehmen, und nichts anderes." Ist es als Mann an der Seite eines Mannes also irgendwie einfacher, mit dem Erfolg des anderen umzugehen? Offenbar nicht. „Ich hatte früher schon auch einen Partner, der meine Bekanntheit irgendwann nicht mehr gemocht hat. Der mir gesagt hat, dass er es satthat, immer drei Schritte hinter der ‚Königin‘ zu gehen, wie Prinz Philip bei der Queen. Das war natürlich schwierig, denn ich habe ihn nicht so gesehen, und habe gesagt: Ich bin, wer ich bin, ich tue, was ich tue und werde mich sicher nicht kleiner machen", erzählt Brezina und macht einmal mehr deutlich, dass nicht immer das Geschlecht eines Menschen ausschlaggebend für sein Verhalten ist. Dass es durchaus lohnenswert ist, sich das Gegenüber genauer anzuschauen und die Klischeebrille öfter einmal abzusetzen, um auch die Zwischentöne sehen zu können.

Zwischentöne hat es in unserem Gespräch bisher schon sehr viele gegeben und auch einiges, das mich zum Nach- und Weiterdenken angeregt hat. Überhaupt hat Brezina ein paar Sätze gesagt, die ich mir in mein kleines Lebenshilfe-Notizbuch schreiben werde, wie: „Kinder brauchen Eltern, die es schaffen, eine glückliche Beziehung zu führen, in der sie alle Klippen, die sich ihnen entgegenstellen, umschiffen, ohne dass es auf den Kindern ausgetragen wird. Und sie brauchen glückliche Eltern in der Form, dass diese das machen, was sie machen wollen. Aber es gibt auch einfach Phasen im Leben, die sind mühsam und schwierig." In Bezug auf meine Mutterschaft und den permanenten Konflikt, genug Zeit für meine Kinder, meinen Beruf und mich selbst zu haben, kann mir diese Weisheit mit Sicherheit helfen. Dranbleiben, hinspüren und manchmal auch annehmen, was ist. Weil ich mir sicher bin, dass Brezina auch zum Feminismus noch etwas Schlaues zu sagen hat, frage ich ihn am Ende unseres Gesprächs, welche Maßnahmen er in Sachen Gleichberechtigung setzen würde, wenn er Präsident der Welt wäre. Während mich solche großen Fragen in Interviews immer wieder überfordern, sagt Brezina nach einer kurzen Nachdenkpause klar und bestimmt: "Wenn ich Präsident der Welt wäre, würde ich eine Art Praktikum verordnen, in dem Männer am eigenen Leib erleben müssen, was Frauen

Was wirklich etwas verändern kann, ist das eigene Erleben.

derzeit so einengt, so beschäftigt und was sie geändert haben wollen. Sodass Menschen, die diese Ungleichbehandlungen gar nicht wahrhaben wollen, sie einmal selbst erleben. Denn das, was wirklich etwas verändern kann, ist das eigene Erleben." Schon wieder nicke ich und freue mich, da ich einmal mehr darin bestärkt worden bin, dass der „Frauenfragen"-Perspektivenwechsel Sinn macht. Denn indem ich Männern einen Spiegel vorhalte, erleben sie einmal das, was unzählige Frauen tagtäglich erleben. Jetzt sind sie dran, die nächsten Schritte zu setzen.

Monika Helfer

SCHRIFTSTELLERIN

Ich wurde immer wieder gefragt, wie ich es schaffe, Bücher zu schreiben und gleichzeitig vier Kinder großzuziehen. Übergriffige Fragen machen mich leider stumm. Eine Ohrfeige wäre aber die beste Antwort, weil die Frager mit nichts zu überzeugen sind. Ohrfeigen finden jedenfalls in meinem Kopf statt.

Verena Schneider

MODERATORIN

Auf Fragen wie: „Was machst du mit deinem Aussehen und deiner Figur beim Fernsehen?" oder „Kannst du dich nicht vorteilhafter anziehen?", kann ich nur sagen: Ich liebe meinen Job, und ich liebe es, zu moderieren. Wo ist also das Problem? Ein Mann wird ja auch nicht auf diese Art und Weise beurteilt. Gott sei Dank sind wir Menschen unterschiedlich und das Leben an sich ist bunt – wir sollten es also viel mehr genießen, anstatt uns gegenseitig runterzumachen.

Doris Knecht

SCHRIFTSTELLERIN UND
KOLUMNISTIN

Ich habe mich natürlich selber in eine etwas exponierte Situation gebracht, indem ich in meinen Kolumnen jahrelang darüber geschrieben habe, was es so mit sich bringt, wenn man Kinder hat, aber: Es ist schon erstaunlich, wie oft man als Schriftstellerin gefragt wird, ob man das auch so erlebt oder getan habe, was man in den Romanen erfindet, und ob sich das am eigenen Privatleben orientiere. Wie man das Schreiben und die Kinder unter einen Hut bringt: Ich glaube, Schriftsteller werden das eher selten gefragt. Das Frauenliteraturproblem ist ohnehin virulent: Wenn Frauen Romane schreiben, in denen Beziehungen vorkommen, ist es Frauenliteratur. Tun Männer dasselbe, ist es Literatur.

NACHWORT

Ein Buch in vier Monaten zu schreiben, ist ein Kraftakt. Als Mutter zweier Töchter inmitten einer Corona-Pandemie, inklusive zwei Lockdowns, in denen Kinder und Mann zu Hause sind, ist es fast ein Ding der Unmöglichkeit. Während ich hier sitze und diese Zeilen tippe, ist meine mittlerweile vierjährige Tochter dreimal weinend aus ihrem Zimmer gekommen, weil sie heute „nur mit der Mami" einschlafen kann. Was es mit diesem Phänomen auf sich hat, von dem mir auch andere Frauen immer wieder erzählen, weiß ich nicht. Damit, dass Kinder Mütter mehr brauchen als Väter, hat es aber mit Sicherheit nichts zu tun. Darüber habe ich mich auf den vorhergehenden Seiten ja schon ausführlich ausgelassen. In diesem Buch ist wohl auch deutlich geworden, dass ich manchmal auf Männer und ihre Lebensrealitäten neidisch bin. Auf Thomas Brezina zum Beispiel, der in einem Interview auf die Frage, warum er jahrelang in einem Hotel in London gelebt und dort seine Bücher geschrieben hat, gesagt hat: „Hier in Wien geht der Boiler oder sonst was kaputt – und damit auch meine Konzentration."[66]
In den vergangenen vier Monaten hätte ich für einen kaputten Boiler alles gegeben. Der braucht nämlich nicht dreimal am Tag etwas zu essen, bekommt keinen Schreianfall, weil ich die falschen Malstifte gekauft habe, oder kann eben heute „nur mit der Mami" einschlafen. Bitte nicht falsch verstehen: Ich liebe meine Kinder über alles und habe mich bewusst für sie entschieden. Doch ich will aufzeigen, dass es prinzipiell einen Unterschied macht, ob man Kinder hat oder nicht, und dass sich viele Kinderlose gar nicht vorstellen können, was es bedeutet, mitten im Schreibflow kreischende Mädchen im Nebenzimmer zu haben, die sich im wahrsten Sinne des Wortes die

Haare ausreißen. Gut, ich hätte dieses Buch nicht schreiben müssen. Aber so viele andere Frauen haben diese Wahl nicht und müssen täglich ihrem Brotjob nachgehen und gleichzeitig ihre Kinder versorgen. In der Hochphase der Corona-Pandemie mussten die meisten von ihnen auch noch Lehrerin, Köchin, Freundin und Freizeitpädagogin sein. Eine Lobby hatten und haben sie nicht.

Wenn ich aus den zahlreichen „Frauenfragen"-Gesprächen eines gelernt habe, ist es die Erkenntnis, dass es endlich einen stärkeren Fokus auf Familien braucht – politisch und wirtschaftlich gesehen. Denn die Kluft zwischen Eltern und Nicht-Eltern ist mit Sicherheit größer als die zwischen kinderlosen Männern und Frauen. Solange nur ein „Fulltime Employee" ein vollwertiger Mitarbeiter oder eine vollwertige Mitarbeiterin ist, werden Eltern immer in irgendeiner Form diskriminiert sein. Dort müsste man also in Bezug auf die Gleichberechtigung ansetzen. Man müsste für Väter Rahmenbedingungen schaffen, mit denen sie sich stärker in die Familienarbeit und Kindererziehung einbringen können. Man müsste sie mehr in die Pflicht nehmen und generell nach einer familienfreundlicheren Gesellschaft und Wirtschaft streben. Positive Beispiele aus anderen Ländern gibt es ja mittlerweile zuhauf. Woran es hapert, ist meist der Wille, die Dinge anzupacken und sich vielleicht auch einmal unbeliebt zu machen. Doch durch Gefallenwollen und Streicheleinheiten hat sich die Welt noch nie verändert. Feministinnen haben es jahrhundertelang in Kauf genommen, mit ihren Visionen als unpopulär und unangenehm wahrgenommen zu werden. So what! Hauptsache, wir erschaffen eine Welt, in der niemand mehr aufgrund seines Geschlechts benachteiligt wird.

Für meinen Podcast „Frauenfragen", auf dem alle Gespräche basieren, die in diesem Buch angeführt sind, habe ich bis zum heutigen Tag insgesamt 20 Männer interviewt.

Nachzuhören sind sie allesamt auf meiner Website: www.marilang.at. Elf dieser Interviews haben es schlussendlich in dieses Buch geschafft. Eigentlich hätten es mehr werden sollen. Ein paar Texte habe ich zwar begonnen, aber nie fertig geschrieben. „Ich kann heute nur mit der Mami einschlafen" ist einer von vielen Gründen dafür. Ich habe mich in den letzten Wochen oft gefragt, ob ich meine Tochter traumatisiere, weil es mir wichtiger ist, dieses Buch zu schreiben, als ihr vor dem Schlafengehen vorzulesen. Ich habe oft gezweifelt, wenn ich an den Wochenenden statt am Spielplatz vor dem Laptop gesessen bin, und ich hatte ein schlechtes Gewissen, wenn ich mal wieder kein gesundes Abendessen gekocht, sondern nur eine Pizza bestellt hatte. Männer machen sich solche Gedanken komischerweise nicht. Das habe ich zumindest aus meinen „Frauenfragen"-Gesprächen gelernt. Und auch das schlechte Gewissen plagt sie in Bezug auf ihre Vaterrolle eher selten. Schon wieder bin ich ein bisschen neidisch. Denn ich hingegen fühle mich mindestens einmal pro Tag als Rabenmutter. Woher kommt das? Warum ist das so? Und wie kann man das ändern? Um Antworten auf all diese Fragen zu finden, werde ich wohl noch viele Gespräche führen müssen – mit Männern und mit Frauen. Ich freue mich drauf. Aber jetzt ist erstmal Schluss. Denn jetzt bringe ich meine Tochter ins Bett.

Wien, im Juli 2021

WIE SAGT MAN?

Weil ich es einfach nicht lassen kann, Gegebenheiten zu hinterfragen, tue ich es selbst bei der klassischen Danksagung am Ende dieses Buches. Ja, so bin ich. Und wer bis hierher gelesen hat, findet es wahrscheinlich gar nicht schlimm.

Ich denke, dass Vorbilder in allen Bereichen immens wichtig sind und dass wir alle, nicht nur Kinder, von positiven Beispielen und nicht von kleinen Erpressungen und Drohungen lernen. Deshalb finde ich es völlig unangebracht, Kinder mit einem „Wie sagt man?" zu einem Dankeschön zu zwingen. Meine Töchter sagen Danke, wenn sie es so meinen. Wenn sie es nicht meinen, sagen sie nichts. Natürlich irritiert das viele. Aber zumindest kann man sich immer sicher sein, dass ihr Danke von Herzen kommt. So wie bei mir und dem hier Folgenden.

Wenn ich schon bei meinen Kindern bin, fange ich auch gleich mit ihnen an. Sie sind meine größten Lehrmeisterinnen und erinnern mich schlicht durch ihr Sein täglich daran, dass es wichtig ist, für eine gleichberechtigte Welt zu kämpfen. Danke, dass es euch gibt!

Danke an Klaus Thyri, den Mann, ohne den ich meine zwei wunderbaren Töchter gar nicht hätte. Er hat mir geholfen, mit diesem Buch einen Kindheitstraum zu erfüllen, und in den vergangenen Monaten auf viele Tennisstunden und Abende mit Freunden verzichtet. Außerdem hat er immer wieder kreative Wege gefunden, damit unsere Kinder mich beim Schreiben nicht stören. Dafür bewundere ich ihn, genauso wie für seine Geduld, sich meine Texte immer und immer wieder anzuhören. Danke, dass du an mich und meinen feministischen Weg glaubst, und dass du bereit bist, gemeinsam mit mir in Sachen gleichberechtigter Elternschaft dazuzulernen! Jeden Tag aufs Neue.

Danke an meine Eltern, meine Schwester, Didi Drobna, Elisabeth Gollackner, Regina Mallinger, Daniel Scherling, Max Schnürer, Angelika Simma-Wallinger und Sandra Ulrich – ihr wisst, hoffentlich, wofür!

Danke an Tanja Raich von Leykam, die mich auf die Idee gebracht hat, aus dem „Frauenfragen"-Podcast ein Buch zu machen, und die mir im Entstehungsprozess mehr als einmal eine emotionale Stütze war. Danke auch an meine Lektorin Barbara Köszegi.

Und natürlich Danke an alle Männer, die bereit waren, sich meinen „Frauenfragen" zu stellen. Die mir ihre Zeit und ihr Vertrauen geschenkt haben. Jedes der Gespräche war vom ersten Kontakt bis zur Freigabe der Zitate äußerst wohlwollend, hat mich angeregt und zum Nachdenken gebracht.

Danke auch an alle Frauen, die in diesem Buch mit ihren Kurzstatements aufzeigen, wie hartnäckig „Frauenfragen" immer wieder gestellt werden und wie belastend sie sind. Weil sie sexistisch, degradierend und verletzend sind. Und weil sie fortwährend Stereotype und ein Ungleichgewicht zwischen den Geschlechtern befeuern. Danke für euren Mut, Einblick in euren Alltag zu geben und auf Ungerechtigkeiten hinzuweisen.

Es ist noch viel zu tun. Aber gemeinsam geht es leichter. Also, danke an alle, die ihren Beitrag leisten, damit in Zukunft niemand mehr aufgrund seines Geschlechts benachteiligt wird. Schön, dass es euch gibt!

ARMIN ASSINGER

Geboren 1964 in Graz, zweimal verheiratet, zwei Kinder aus erster Ehe. Gendarmerie-Ausbildung, 1984–1995 professioneller Skirennläufer mit mehreren Spitzenplätzen im Weltcup. Seit der Saison 1995/96 Kommentator und Experte bei Skirennen im ORF, seit 2002 Moderator der „Millionenshow" und diverser anderer Sendungen im ORF. Buchautor und mehrfacher „Romy"-Preisträger.

THOMAS BREZINA

Geboren 1963 in Wien, verheiratet, keine Kinder. Bereits als Jugendlicher erste Erfolge im Bereich Kinderliteratur. 1990 Durchbruch als Autor mit der Buchreihe „Die Knickerbocker-Bande". Große Erfolge mit der Krimiserie „Ein Fall für dich und das Tiger-Team" in China. Über 40 Millionen verkaufte Bücher mit Übersetzungen in über 35 Sprachen. Außerdem Erwachsenenbuchautor sowie Produzent und Moderator zahlreicher Fernsehformate. 2002 „Goldenes Verdienstzeichen der Republik Österreich".

ANDREAS GOLDBERGER

Geboren 1972 in Ried im Innkreis, verheiratet, zwei Söhne. Mit 18 Jahren Debüt im Skisprung-Weltcup. Mehrfache Gesamtweltcup-Siege, Siege der Vierschanzentournee und zwei Bronzemedaillen bei den Olympischen Winterspielen 1994. 2005 Karriereende. Derzeit Kommentator im ORF und Veranstalter des „Goldi Talente Cups" für Nachwuchs-Skispringer.

CHRISTIAN KERN

Geboren 1966 in Wien, verheiratet, vier Kinder. Studium der Publizistik und Kommunikationswissenschaft an der Universität Wien. 1991 Eintritt in das Bundeskanzleramt, 1994–1997 Klubsekretär der Sozialdemokratischen Parlamentsfraktion. Ab 1997 Tätigkeit in der Privatwirtschaft, in der Verbund AG und der ÖBB-Holding AG. Von 2016–2017 Bundeskanzler der Republik Österreich. Derzeit u.a. Geschäftsführender Gesellschafter der „Blue Minds Company", die seine Frau Eveline Steinberger-Kern mitgegründet hat.

ROBERT KRATKY

Geboren 1973 in Salzburg, ledig, keine Kinder. Nach dem Abbruch der Schule Engagement beim Radiosender Ö3 in Wien. Nach diversen Stationen als Reporter, Produzent und Comedy-Autor seit 2003 Moderator der Morgensendung „Ö3 Wecker". Außerdem Moderation diverser ORF-TV-Shows wie „Österreichs schlechtester Autofahrer" und das Talkformat „Kratky". 2015 „Österreichischer Radiopreis" als bester Moderator.

RICHARD LUGNER

Geboren 1932 in Wien, fünfmal geschieden, vier Kinder aus unterschiedlichen Beziehungen. 1962 Baumeisterkonzession und Gründung eines eigenen Bauunternehmens. 1990 Eröffnung der „Lugner City". Zweimalige Kandidatur zur Bundespräsidentenwahl, Opernball-Veteran, Reality-Doku-Star. Von 2007–2010 regelmäßige Auftritte in der satirischen ORF-TV-Show „Wir sind Kaiser".

ALI MAHLODJI

Geboren 1981 in Teheran, Iran, verheiratet, eine Tochter. 1983 Flucht nach Österreich. Abschluss der HTL auf dem zweiten Bildungsweg und eines wirtschaftswissenschaftlichen Studiums an der FH Technikum Wien. 2012 Gründung des Start-ups „whatchado". Derzeit u.a. Keynote-Speaker, Buchautor, Podcast-Betreiber und EU-Jugendbotschafter.

HERBERT PROHASKA

Geboren 1955 in Wien, verheiratet, zwei Töchter. Nach einer abgeschlossenen Automechaniker-Lehre Engagement als Fußballer beim SC Ostbahn XI. 1972 Wechsel zur Austria Wien. Ab 1980 Auslandsverträge bei Inter Mailand und AS Roma. Nach seinem Karriereende als Profi-Fußballer diverse Trainertätigkeiten, u.a. als Teamchef der Österreichischen Nationalmannschaft. Seit über 20 Jahren Fußball-Experte im ORF-TV.

MANUEL RUBEY

Geboren 1979 in Wien, verheiratet, zwei Töchter. Abgeschlossene Schauspielausbildung an der Schauspielschule Krauss, danach diverse Engagements am Theater. 2007 Durchbruch als Schauspieler mit der Hauptrolle im Kinofilm „Falco – Verdammt, wir leben noch!". Rollen in Serien wie „Braunschlag" und „Altes Geld" sowie Kabarettprogramme mit Thomas Stipsits und solo. Außerdem Sänger und Buchautor.

DIRK STERMANN

Geboren 1965 in Duisburg, Deutschland, geschieden, zwei Kinder. 1988 Umzug nach Wien und Tätigkeiten als Kabarettist, Autor und Schauspieler. Seit 2007 Moderation der ORF-Late-Night-Talkshow „Willkommen Österreich" gemeinsam mit Langzeit-Partner Christoph Grissemann. 2019 Veröffentlichung des Historienromans „Der Hammer". Außerdem Kolumnist für das Männermagazin „Wiener" und die „Kleine Zeitung".

MATTHIAS STROLZ
Geboren 1973 in Bludenz, verheiratet, drei Töchter. Studium der Politikwissenschaft sowie Internationalen Wirtschaftswissenschaften an der Universität Innsbruck. 2003 Dissertation zum Thema Organisationsentwicklung. 2012–2018 Gründer und Parteivorsitzender der NEOS. Derzeit Autor, Unternehmer und Wachstumsbegleiter.

QUELLEN UND ANMERKUNGEN

1. https://www.oeffentlicherdienst.gv.at/fakten/einkommensbericht/index2. html

2. https://www.20min.ch/story/der-schoenste-sidekick-der-fernsehgeschich-te-101117348491

3. https://dietagespresse.com/zu-eng-notarzt-muss-kern-aus-designer-anzug-schneiden/

4. Kommentar von Michael Jeannée in der „Kronen Zeitung", Mai 2019

5. https://www.zeit.de/2006/38/Mode-M-chtige-Frauen/komplettansicht

6. Die Verbund AG ist Österreichs größtes Elektrizitätsversorgungsunterneh-men.

7. https://www.focus.de/finanzen/karriere/gastbeitrag-psychologen-erklae-ren-darum-haben-es-schoene-frauen-im-beruf-manchmal-schwerer_id_11964767.html

8. Robert Misik, „Christian Kern: Ein politisches Porträt", 2017, Residenz Verlag

9. https://www.spiegel.de/kultur/zwiebelfisch/zwiebelfisch-die-weibliche-mut-a-478963.html

10. Im Mai 2021 durfte ich in der „Barbara Karlich"-Show in ORF2 zum The-ma „Mut ist weiblich" über die Entstehung meines „Frauenfragen"-Podcasts sprechen und die unfassbar mutigen Frauen Topsy Küppers (Schauspielerin), Erika Freeman (Psychoanalytikerin), Petra Ramsauer (Kriegsberichterstatte-rin und Traumatherapeutin), Nora Summer (Stuntfrau) u.a. kennenlernen.

11. https://www.statistik.at/web_de/statistiken/menschen_und_gesellschaft/bevoelkerung/haushalte_familien_lebensformen/familien/index.html

12. Nick Hornby, „About a boy", 1998, Gollancz. 2002 wurde der Roman als Ko-mödie mit Hugh Grant in der Hauptrolle verfilmt.

13. https://www.t-online.de/leben/familie/erziehung/id_21124834/sind-allein-erziehende-vaeter-die-besseren-maenner-.html

14. https://www.derstandard.at/story/2000074238209/alleinerziehende-vaeter-mit-stark-erhoehtem-sterberisiko

15. Kern hat drei erwachsene Söhne aus erster Ehe und eine Tochter mit seiner jetzigen Frau Eveline Steinberger-Kern.

16. Das Webportal mit Sitz in Wien versteht sich als Handbuch der Lebensge-schichten und soll Jugendliche mithilfe von Video-Interviews mit verschiede-nen Berufstätigen – vom KFZ-Mechaniker bis zum Bundespräsidenten – bei ihrer Berufsorientierung unterstützen.

17. Im Frühling 2020 startete Ali Mahlodji das Podcast-Format „Die Ali Mahlodji Show", in dem er in jeder Episode einen anderen Gast interviewt.

18. Der Female Future Force Day ist ein Festival für neue Perspektiven, das am 25.08.2018 zum ersten Mal in Berlin stattfand und vom Team der EDITION F, dem feministischen Online-Magazin, veranstaltet wurde. Ali Mahlodji hat bei der zweiten Ausgabe des Events eine Keynote gehalten.

19. Das geht u.a. aus einer Studie der Statistik Austria für das Jahr 2018 hervor, in der nach den Betreuungspflichten gefragt wurde. Während 39 Prozent der

Frauen die Reduktion ihrer Erwerbsarbeit als Auswirkung nannten, waren es nur fünf Prozent der Männer.

20. Leseempfehlung! Die US-Komikerin Sarah Cooper beschreibt in ihrem Ratgeber „Wie du erfolgreich wirst, ohne die Gefühle von Männern zu verletzen", 2021, Mentor Verlag, auf schmerzhaft-witzige Art und Weise die unterschiedlichen Rollenerwartungen, die unser Berufsleben nach wie vor bestimmen.

21. Seinen psychischen Zusammenbruch beschreibt Mahlodji auch in seinem aktuellen Buch „Entdecke dein Wofür – Der Weg zu einem Leben, das wirklich deins ist", 2020, Gräfe & Unzer, von dem er mir ein Exemplar mitgebracht hat und das ich regelrecht verschlungen habe.

22. Leseempfehlung! Passend zu Mahlodjis Aussage plädiert der kongolesische Autor JJ Bola in seinem Buch „Sei kein Mann", 2020, Hanser, für eine Veränderung des Begriffes von Männlichkeit und für mehr Offenheit den eigenen Emotionen gegenüber.

23. Im Juni 2020 sorgte ein sexistisches Transparent von Rapid-Fans für Schlagzeilen. Der Verein wurde daraufhin vom Ethikkomitee der Österreichischen Fußball-Bundesliga zu einer Geldbuße von 20.000 Euro verurteilt – 15.000 Euro davon bedingt. Davor waren auch schon die Fans der Wiener Austria mit einem sexistischen Transparent aufgefallen.

24. Prohaska ist seit 2013 Markenbotschafter für „Kelly's" und „Soletti" und snackt sich damit gut gelaunt durch die TV-Werbung.

25. https://www.jetzt.de/jungsfrage/jungsfrage-maedchen-duerfen-wir-noch-gentlemen-sein

26. https://www.sueddeutsche.de/stil/hoeflichkeit-kuess-die-hand-die-rueckkehr-des-gentleman-1.3318162-0

27. https://www.imf.uni-rostock.de/storages/uni-rostock/Alle_PHF/IMF/Forschung/Medienforschung/Audiovisuelle_Diversitaet/Broschuere_din_a4_audiovisuelle_Diversitaet_v06072017_V3.pdf

28. https://www.statistik.at/web_de/statistiken/menschen_und_gesellschaft/bevoelkerung/ehescheidungen/index.html

29. Der SC Ostbahn XI ist ein österreichischer Fußballverein aus dem 11. Wiener Gemeindebezirk Simmering, der derzeit in der 2. Landesliga spielt.

30. https://kurier.at/sport/fussball/bettler-oder-millionaer-was-heimische-profi-kicker-verdienen/400489504

31. Zum Gender-Pay-Gap kursieren unterschiedliche Zahlen. Die Statistik Austria zieht für ihre Berechnung die Bruttostundenverdienste in Firmen ab zehn Beschäftigten in der Privatwirtschaft heran. https://www.statistik.at/web_de/statistiken/menschen_und_gesellschaft/soziales/gender-statistik/einkommen/index.html

32. https://www.missmum.at/ein-blogger-errechnet-wie-viel-er-seiner-frau-als-hausfrau-zahlen-muesste/

33. Über zwei Drittel der systemrelevanten Arbeitskräfte in Österreich sind Frauen. So sind etwa 88 Prozent der Beschäftigten in der Kinderbildung weiblich, im Lebensmittelhandel sind es 86 Prozent und beim Gesundheitspersonal gut 82 Prozent. Gleichzeitig sind dies die am niedrigsten bezahlten Berufe. https://

www.sora.at/nc/news-presse/news/news-einzelansicht/news/systemrelevante-jobs-meist-weiblich-1009.html

34. Laut einer Untersuchung, die in den USA zwischen 1946 und 2018 durchgeführt wurde, werden Frauen zunehmend als intelligenter wahrgenommen, was im Einklang mit ihrer zunehmenden Bildung und Beteiligung am Arbeitsmarkt steht. Diese Erkenntnis deutet außerdem darauf hin, dass Geschlechterstereotypen nicht starr, sondern veränderbar sind. https://www.unibe.ch/aktuell/medien/media_relations/medienmitteilungen/2019/medienmitteilungen_2019/veraenderte_geschlechtsstereotype_frauen_und_maenner_als_gleich_kompetent_wahrgenommen/index_ger.html

35. Während, laut einer Untersuchung der BBC aus dem Jahr 2014, Frauen und Männer in 70 Prozent der Sportarten gleich hohe Preisgelder bekommen, klaffen die Gehälter vor allem im Fußball extrem auseinander. Selbst die amerikanische Frauen-Nationalmannschaft, die 2019 den Weltmeistertitel holte und generell erfolgreicher ist als die Nationalmannschaft der Herren, ist von equal pay weit entfernt. Begründet wird das mit der höheren Wirtschaftlichkeit der männlichen Spieler. https://www.jetzt.de/aufsteigerinnen/equal-pay-geschlechtsunterschiede-bei-preisgeldern-im-sport

36. https://www.heute.at/s/klingt-schrill-moderator-beleidigt-orf-kommentatorin-100147677

37. https://sportv1.orf.at/100112-21927/?href=https%3A%2F%2Fsportv1.orf.at%2F100112-21927%2F21928bigstory_txt.html

38. Elisabeth Lechner beschreibt in ihrem Buch „Riot, don't diet – Aufstand der widerspenstigen Körper", 2021, Verlag Kremayr & Scheriau, die gängigen Schönheitsideale von Männern und Frauen und fordert eine Schönheitsrevolution.

39. https://fitpedia.com/medien/synthol-oder-natural-hat-dieser-bodybuilder-die-krassesten-nackenmuskeln-ueberhaupt/

40. Die von Wissenschaftlern aufgestellte Vermutung, Lemminge würden, um ihr Bevölkerungswachstum zu regulieren, reihenweise Massenselbstmord begehen, verfestigte sich durch den Disney-Film „White Wilderness" (1957) und führte dazu, dass die Redewendung „Etwas wie die Lemminge tun" bis heute dafür steht, dass Menschen gemeinsam in großer Anzahl kritiklos das machen, was alle machen.

41. Die wöchentliche Satiresendung lief zwischen 1989 und 1994 im Radiosender Ö3 und zwischen 1995 und 2014 auf FM4.

42. Den feinen und wichtigen Unterschied zwischen Verantwortung und der Erledigung von Aufgaben beschreibt der dänische Familientherapeut Jesper Juul sehr anschaulich in seinem Buch „Mann & Vater sein", 2011, Kreuz Verlag.

43. Nachdem seine Tochter Hannah Schatz seit ihrem 12. Lebensjahr an Diabetes leidet, war Stermann u.a. 2014 Testimonial für einen Aufklärungsspot über Zuckerkrankheit.

44. Der Milliardär und Ex-Politiker Frank Stronach prägte diese Formulierung 2015 in einem Interview im Rahmen der ORF-Sommergespräche.

45. https://www.spiegel.de/gesundheit/silvana-koch-mehrin-ueber-ihre-brustkrebserkrankung-nur-mit-bruesten-eine-frau-unsinn-a-366a6622-7a2a-42ad-9b3a-05678a8ba2d1

46. https://www.statistik.at/web_de/statistiken/menschen_und_gesellschaft/bevoelkerung/haushalte_familien_lebensformen/familien/index.html

47. Walter Hollstein, „Männerdämmerung. Von Tätern, Opfern, Schurken und Helden", 1999, Sammlung Vandenhoek

48. Bascha Mika, „Mutprobe: Frauen und das höllische Spiel mit dem Älterwerden", 2014, C. Bertelsmann

49. „Männer altern anders – Eine Gebrauchsanweisung" ist 2007 im Herder Verlag erschienen und beschäftigt sich mit dem Thema „Männer ab 50". Eckart Hammer sucht darin Antworten auf Fragen wie: Bedeutet das Nachlassen der körperlichen Leistungsfähigkeit das Ende der Männlichkeit? Was kommt nach der Berufstätigkeit und welche Freiräume und Chancen bieten sich im Alter?

50. https://www.nachrichten.at/politik/innenpolitik/Neos-Chef-Matthias-Strolz-tritt-zurueck;art385,2889040

51. Österreichisch, umgangssprachlich, für jemanden, der sich in übertriebener Weise wichtigmacht und durch geschäftiges Tun in den Vordergrund stellt.

52. Der „Internationale Männertag" wurde in Trinidad und Tobago eingeführt und erstmals am 19.11.1999 gefeiert. Mittlerweile wird dieser Tag in verschiedenen Ländern auf der ganzen Welt begangen.

53. https://de.statista.com/statistik/daten/studie/18642/umfrage/lebenserwartung-in-oesterreich/

54. https://www.profil.at/wissenschaft/warum-frauen-arzt-11176099

55. Weltweit gab es bereits 14 Geburten nach einer Gebärmuttertransplantation. Es scheint also nur eine Frage der Zeit zu sein, wann der erste Mann ein Kind austrägt. Und Transmänner, also Männer, denen bei der Geburt das Geschlecht einer Frau zugewiesen wurde, haben bereits Kinder geboren.

56. https://www.nachrichten.at/kultur/ich-halte-es-fuer-unmoeglich-als-vater-von-toechtern-nicht-feminist-zu-werden;art16,3209469

57. Die britische Tageszeitung „The Guardian" und andere Medien berichteten: https://www.theguardian.com/world/2018/feb/26/sexist-creepy-jacinda-ardern-60-minutes-interview-angers-new-zealand

58. Mehr über Manuel Rubeys Neurosen kann man ausführlich in seinem Buch „Einmal noch schlafen, dann ist morgen", 2020, Molden Verlag, nachlesen. Außerdem gibt es dort ein tolles Rezept für ein süßes Brot!

59. https://www.derstandard.at/story/2000056127781/oesterreich-beziehungen-halten-im-schnitt-14-jahre

60. https://diesubstanz.at/laender/beruf-hausfrau-stirbt-aus/

61. https://www.vice.com/de/article/bjgpn5/sind-menschen-in-gleichgeschlechtlichen-beziehungen-gluecklicher

62. Caroline Criado-Perez, „Unsichtbare Frauen": Wie eine von Daten beherrschte Welt die Hälfte der Bevölkerung ignoriert, 2020, btb Verlag

63. http://www.co-vienna.com/de/leute/der-brezina/

64. https://projekte.sueddeutsche.de/artikel/kultur/gender-wie-gleichberechtigt-sind-kinderbuecher-e970817/

65. https://www.wiwo.de/erfolg/beruf/neue-studie-verdienen-frauen-mehr-als-ih-re-maenner-schummeln-beide-beim-gehalt/23829290.html

66. http://www.co-vienna.com/de/leute/der-brezina/

MARI LANG

Geboren 1980 in Eisenstadt, verheiratet, zwei Töchter. Studium der Publizistik und Kommunikationswissenschaft. Seit 2001 Journalistin beim ORF und Moderatorin diverser Radio- und Fernsehformate („contra – der talk", „Mein Leben – Die Reportage mit Mari Lang", „Sport Aktuell"). Eventmoderatorin in den Bereichen Gesellschaftspolitik, Bildung, Digitalisierung, Nachhaltigkeit, u.a. Seit 2020 Betreiberin des Podcasts „Frauenfragen", der 2021 zum besten feministischen Podcast Österreichs gewählt wurde und mehrmals auf Platz 1 der Podcast-Charts war.

Sachbuch bei leykam:

Reboot the system!

Eine Million Menschen arbeiten österreichweit in „systemrelevanten" Berufen. 65 % davon sind Frauen und größtenteils Migrant*innen. Es sind Berufe mit schlechter Bezahlung, hoher psychischer und körperlicher Belastung,
ohne die unser System zusammenbrechen würde. Dem-
entsprechend viel wurde zu Beginn der Corona-Pandemie
geklatscht, doch ihre Leistungen werden weder politisch
noch gesellschaftlich anerkannt, geschweige denn finanziell gerecht entlohnt. Luna Al-Mousli hat jene Menschen
porträtiert, die seit Beginn der Pandemie am meisten
gefordert sind und mittlerweile an den Rand ihrer Kapa-
zitäten gelangt sind. Sie fordern grundlegende Veränderungen, Anerkennung und Aufwertung: Klatschen allein
reicht nicht!

176 Seiten | ISBN 978-3-7011-8199-5 | 22,-

Literatur bei leykam:

Muttersein: Die ärgste und schönste Sache der Welt

Teresa Bücker, Sandra Gugić, Andrea Grill uvm. haben sich auf vielfältige Weise mit dem Mutterwerden und Muttersein auseinandergesetzt. Wie wird frau zur Mutter? Welche Erwartungen werden an die Mutterrolle gestellt? Wie gehen Mütter mit Fremdbestimmung um? Welche Freiheiten nehmen oder erkämpfen sie sich? Und wie sieht eigentlich gleichberechtigte Elternschaft aus? Ein Buch, das beglückt und wehtut, das wütend und mutig macht, aber vor allem eines zeigt: Mutter sein ist die ärgste, schwierigste, intensivste und schönste Sache der Welt.

216 Seiten | ISBN 978-3-7011-8197-1 | 22,-

Umschlaggestaltung, Satz, Illustrationen und Typografie: buero butter
Coverfoto: Martina Lang
Druck: Finidr, s.r.o
Lektorat: Barbara Köszegi
Gesamtherstellung: Leykam Buchverlag

www.leykamverlag.at
ISBN 978-3-7011-8196-4

„Ich finde die meisten Forderungen von Feministinnen wichtig und richtig."

DIRK STERMANN